DETERMINATIO
SACRÆ FACULTATIS
PARISIENSIS
Super Libro cui titulus,

DE L'ESPRIT.

CENSURE
DE LA FACULTÉ
DE THEOLOGIE DE PARIS,
Contre le Livre qui a pour titre,

DE L'ESPRIT.

A PARIS,
Chez JEAN-BAPTISTE GARNIER, Imprimeur-Libraire de la Reine, de Madame la Dauphine, & de la Faculté de Théologie, rue S. Jacques, vis-à-vis le Collége du Pleſſis, à la Providence.

M. DCC. LIX.

DETERMINATIO

SACRÆ FACULTATIS PARISIENSIS

Super Libro cui Index,

DE L'ESPRIT.

CENSURE

DE LA FACULTÉ

DE THÉOLOGIE DE PARIS,

Sur le Livre qui a pour titre,

DE L'ESPRIT.

A PARIS,

Chez JEAN-BAPTISTE GARNIER, Imprimeur-Libraire de l'Université, & de la Faculté de Théologie, rue S. Jacques, vis-à-vis le Collège du Plessis, à la Providence.

M. DCC. LIX.

CENSURE
DE LA FACULTÉ DE THÉOLOGIE DE PARIS
Contre le Livre qui a pour titre,
DE L'ESPRIT.

DETERMINATIO
SACRÆ FACULTATIS PARISIENSIS
Super Libro cui titulus,
DE L'ESPRIT.

PRÉFACE.

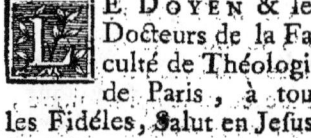E Doyen & les Docteurs de la Faculté de Théologie de Paris, à tous les Fidéles, Salut en Jesus-Christ.

On a vu dans les siécles précédens des *insensés*, qui ont *dit dans le secret de leur cœur, il n'y a pas de Dieu*; mais il étoit réservé à la corruption du nôtre de produire des hommes qui fissent profession publique d'impiété, & qui donnassent même leurs

PRÆFATIO.

Ecanus & Sacræ Theologiæ Facultas Parisiensis, omnibus Christi Fidelibus, salutem.

Fuere quidem ante hæc tempora insipientes nonnulli, qui dicerent in corde suo, non est Deus. At nostro huic sæculo id reservatum erat, ut homines ederet partu infelici, qui, non clàm & in corde, sed publicè & palàm impietatem suam profiterentur, & se sapere

Psal. 52.

A ij

Epist. B. Jud. v. 15.

...exiſtimantes ex omnibus duris quæ loquuntur contra Deum.

Eos homines nullus jam respectus Legum, nullus metus pœnarum retinet, nulla ignorantiæ conscientia, nullus pudor bonorum, quominus ore impio blasphemias evomant inauditas, omnemque Religionis statum funditus, quantum in ipsis est, evertant.

Eos si audias, jam non

Hebr. II. v. 1.

Christiana Fides est substantia rerum sperandarum, sed vanum humanæ rationis ludibrium; non mater veræ salutis, sed stultitiæ magistra & ineptæ superstitionis; nec quisquam est usquam religiosus ac pius sincere qui non idem sit imbecilli animi obtusique judicii.

Nec se jam intra muros hujusce urbis continet sæva lues, sed longe lateque divagata, ad extremas jam Provincias pertinuit, quas ex hac scribendi licentia inundant libri omni impietate repleti, similes vaporibus fœdis ac paludosis, qui paulum sublati, sese in nubem agglomerant, donec malignis impulsi flatibus, tandem in subjectos campos, cum ingenti calamitate, detumescant.

discours impies & sacrilèges pour une preuve de leur sagesse.

Ces hommes sans égard pour les loix, sans crainte pour les châtimens, sans respect pour les gens de bien, ne se défiant nullement de leur ignorance, inventent tous les jours des blasphêmes nouveaux, & osent tout contre la Religion.

A les en croire, la Foi n'est plus le *fondement de nos espérances*; elle est le tombeau de la raison; elle n'est plus la source du salut, elle n'est que l'appanage des hommes simples & superstitieux; on ne peut être sincérement religieux, que quand on a l'esprit borné & l'ame foible.

Ce n'est pas seulement dans la Capitale que cette maladie fait ses ravages; devenue comme épidémique, elle a passé dans les Provinces même les plus éloignées, où les écrits de ces Auteurs audacieux, semblables à de noires vapeurs & à des exhalaisons infectées, forment des nuages épais qui portent avec eux la contagion & la désolation dans tous les lieux où ils se déchargent.

Mœurs, Religion, usages les plus respectables, rien n'est épargné; tout est en proie à la fureur de ces Ecrivains.

S'ils traitent de la nature de l'homme; l'homme, selon eux, n'est qu'une portion de matière organisée jettée au hasard sur la surface de la terre, qui ne diffère du singe qu'autant que le singe diffère des autres animaux; ce qui, dans leur système, ne dégrade point l'homme, puisque ce qu'il a au-dessus des autres animaux, il le doit à l'éducation, à l'invention des arts & à l'usage des langues: c'est de ces belles découvertes qu'on voit sortir une Histoire naturelle de l'Ame, *comme cette écume salée que produisent les flots d'une Mer agitée.*

S'ils parlent de la Religion, ils lui enlèvent ses Dogmes les plus sacrés, ils combattent ses Loix les plus saintes, & la réduisent à n'être plus qu'un vain fantôme; *imposteurs, qui suivent leurs passions déréglées & pleines d'impiété.*

S'ils écrivent sur les mœurs, c'est avec le dessein formé

Nihil est tam sanctum in moribus, tam antiquum in Religione, nihil tam in usu & consuetudine humaná comprobatum, quod non contactu fædo contaminent ac deturpent.

Si de hominis naturá disputant, eam fingere eos non pudet quasi entis in aliquod superficiei terrenæ punctum temere projecti, eá tantum ratione à simio distincti, quá simius ipse à cæteris distinguitur animantibus: eáque turpi origine, ipsis si habeatur fides, homo non plus quàm fas est deprimitur, utpote qui Belluis solá præstet educatione, artium inventione, atque usu idiomatum: hisque fundatam elucubrationibus adornant animæ humanæ historiam, ut fluctus feri maris despumantes confusiones suas. Epist. B. Judæ v. 13.

Si Religionis vim & autoritatem perscrutari audent, nervos ejus omnes succidunt radicitus: spiritum ei adimunt, ut ex eá vanum efficiant simulacrum, illusores, secundum desideria sua ambulantes in impietatibus. Ibid. v. 18.

Si de moribus aliquam diatribam scriptitant, fa-

Epift. B. Jud. v. 10.	*ciunt eo confilio, ut quidquid eft boni moris ubique terrarum deterant ac pervertant ; & hi quæcumque naturaliter, tanquam muta animalia, norunt, in his corrumpuntur.*	de combattre les principes & les maximes qui doivent les régler ; corrompant ce qu'ils connoissent naturellement comme les bêtes.
Ibid. v. 8.	*Si fines ponere aggrediuntur quos ultrà citràque nequeant populorum principumve jura confiftere ; principum autoritati detrahunt quod injuftæ populorum libertati affingant,* dominationem fpernentes, majeftatem blafphemantes.	S'ils entreprennent de fixer les limites qui féparent les droits refpectifs des Princes & des Sujets ; fouffrant impatiemment toute domination, & méprifant ceux qui font élevés en dignité, ils transportent aux Peuples ce qui n'appartient qu'aux Souverains.
Ibid. v. 10.	*Cælum ipfum petunt homines stultiffimâ audaciâ, citantque auctorem rerum omnium sapientiffimum ; quidquid in hâcce orbis œconomiâ ac difpenfatione claudicare imaginantur, reformare non dubitant impio judicio,* quæcumque ignorant blafphemantes.	Blafphemant ce qu'ils ignorent, ils font affez téméraires pour citer à leur Tribunal le Créateur de toutes chofes, lui demander compte de fes œuvres, & pour fe croire en état de corriger l'ordre admirable qu'il a mis dans l'univers.
Rom. cap. 1.	*Olim Deum cognoverant, verum cùm non ficut Deum glorificaverint, aut gratias egerint, evanuerunt in cogitationibus fuis & obfcuratum eft infipiens cor eorum. Dicentes enim fe effe fapientes, ftulti facti funt .... Qui commutaverunt veritatem Dei in mendacium, & coluerunt & fervierunt creaturæ potius quàm Crea-*	Ils avoient cependant connu ce qu'on peut découvrir de Dieu, & Dieu lui-même le leur avoit fait connoître ; mais parce qu'ils ne l'ont pas glorifié, & qu'ils ne lui ont pas rendu graces, ils fe font égarés dans leurs vains raifonnemens, & leur cœur infenfé a été rempli de ténèbres : ils font devenus fous en s'attribuant le nom de fages : ....

ils ont mis le mensonge à la place des vérités divines, & ont refusé à l'Auteur de leur être l'adoration & le culte souverain qui lui sont dûs..... c'est pourquoi ils ont été livrés à des passions honteuses..... Comme ils n'ont pas voulu reconnoître Dieu; Dieu aussi les a livrés à un sens dépravé, & ils ont fait des actions indignes de l'homme; ils ont été remplis de toute sorte d'injustice & de méchanceté,.... d'envie & d'artifices, & sont devenus calomniateurs, ennemis de Dieu, superbes, altiers, inventeurs de nouveaux moyens de faire le mal..... sans prudence, sans modestie, sans affection & sans foi.

tori.... Propterea tradidit .... illos Deus in passiones ignominiæ.... Et sicut non probaverunt Deum habere in notitiâ; tradidit illos Deus in reprobum sensum, ut faciant ea quæ non conveniunt, repletos omni iniquitate, malitiâ,.... nequitiâ,.... dolo, malignitate,... detractores, Deo odibiles,... superbos, elatos, inventores malorum,.... insipientes, incompositos, sine affectione, absque fœdere.

Tels sont ces Auteurs graves, ces Philosophes profonds, qui se sont chargés de nous faire renoncer à la Religion de nos peres, de nous faire changer de mœurs, de peser les droits, l'autorité & le pouvoir de nos Rois en présence du Peuple même, & de les renfermer dans les bornes qu'ils jugent à propos de leur prescrire; en un mot, qui mettent tout en œuvre pour tout changer, quoi qu'il puisse en coûter à l'Etat & aux Particuliers, puisque la Religion n'est pas un soutien moins essentiel aux Empires que la Loi & la puissance.

Et illi tamen sunt auctores gravissimi, sæculi nostri doctores prudentissimi, quibus datum est religionem avitam nostram subruere, mores nostros invertere, regum nostrorum jura, autoritatem, potestatem librare coram populo, & ad lancem suam improbam castigare, uno verbo, sacratissimas res movere, non sine periculo ingenti omnium nostrûm, privatim & publicè; cum imperium labascit, nixum sanctâ Religione non minus quàm legum potestate & opibus virium.

Nec cessat eorum opera mala, noctu diuque parata, & prompta in omnem partem, quâ potest animis noceri: sunt cuilibet ætati, sexui, cuilibet & conditioni, corruptelæ magistri accommodati, in docendo pertinacissimi. Sua est impietati destinata grammatica. Nullus non liber est, cujuscumque sit tituli aut argumenti, in quo non suum alicubi lateat venenum, quod se imprudentibus insinuet, plùs-minùs, seriùs-ociùs nociturum: ut jam evidenti conjecturâ liceat affirmare, societatem conjuratam esse, hâc-illàc jam perrumpentem, brevique, quod tamen absit, stragem edituram late, nisi omni ope atque diligentiâ eatur obviam malo præsentissimo, quo non solum Fides & Religio, & Christiani mores pereant, sed dignitas etiam virtutis, amor patriæ, ipsa fœdera naturæ carissima pessumeant simul, rerumque infaustissimam confusionem inducant. Est enim totius corporis civilis nexu communi contenta compages, cujus, si ingenia artuum, quibus constituta est, paulùm laxaveris, laborat tota moles, mox in luctuosissimum exitium ruitura.

Attentifs à saisir tous les moyens de pervertir les esprits, ils ont des maîtres en séduction, maîtres infatigables pour tous les âges, pour les différens sexes, & pour toute sorte de condition. Ils ont porté leur attention jusqu'à avoir une Grammaire destinée à former des impies: il n'est point de Livres sortant de leurs mains, sous quelque titre qu'ils les donnent, & quel qu'en soit l'objet, qui ne renferment un poison tout prêt à s'insinuer dans l'esprit de ceux qui les lisent sans précaution. C'est une conjuration formée contre la Foi & la Morale du Christianisme, & contre l'obéissance due à l'Autorité Souveraine; conjuration qui tend à tout renverser, & qui va jusqu'à se promettre, si elle n'est point arrêtée dans ses projets, d'arracher du cœur de l'homme toute estime de la vertu, tout amour de la patrie & les sentimens les plus chers de la nature. De-là quelle confusion! quel désordre! puisque briser les liens qui unissent entr'elles les différentes parties de la société civile, c'est attaquer sa constitution & l'exposer à une dissolution entière.

Mais

Mais c'est aux hommes d'Etat à porter leur attention sur ces excès & à en prévoir les suites. En qualité de Citoyens, il nous étoit permis de faire entendre notre voix en passant, nous revenons à nos fonctions de Théologiens.

Entre tous ces conjurés qui semblent distribués chacuns dans leurs postes, il en est un qui, pour nous servir de l'expression de S. Léon, paroît avoir mêlé dans la même coupe tout ce que les opinions modernes ont de plus détestable pour avaler tout à la fois le poison dont les autres ne s'étoient abreuvé qu'en partie. On reconnoît à ce seul trait l'Auteur du Livre qui a pour titre DE L'ESPRIT : cet homme qui dans son Ouvrage semble avoir voulu se montrer aussi incrédule que les Athées, aussi livré aux sens que les bêtes, aussi corrompu que les libertins, aussi hardi que les Sujets les plus séditieux. La Secte d'Epicure auroit rougi dans Athènes de pareils emportemens. Tout lui est bon pourvu qu'il en impose aux gens peu instruits, ou qu'il plaise aux esprits corrompus. Il méprise également l'honnêteté publique, les Loix, la Patrie

Sed politicorum hominum ea sint observanda indicia malorum temporum: vox nostra hæc obiter audita sit, civili suo officio defuncta, ad Theologicum munus redit.

Inter tot hostes omnibus locis, quasi in stationibus suis, dispositos, unus est qui, ut verbis S. Leonis utamur: de omnium terrenarum opinionum luto multiplicem sibi fæcem commiscuit, ut solus totum biberet quidquid alii ex parte gustassent. Quem omnes vel tacitè nominant auctorem libri cui titulus DE L'ESPRIT, *conatum incredulitate cum Athæis decertare, cum brutis, sensus stupore, cum perditissimis hominibus, morum corruptelâ, cum factiosis, procaci libertate. Cujus audaciæ exemplum nulla unquam ætas vidit, & vel ipsa non philosophia, sed amentia Epicurea, designare Athenis erubuisset. Non isti curæ est quibus armis pugnet, modò fucum faciat imprudentibus aut placeat improbis; honestatis contemptor & legum & Patriæ & famæ; eam impudentiam fert præ se quam ferunt vitia increta pe-*

Ep. 93. contra Priscill.

B

nitùs, nec jam virtutis ullius sensum habentia.

& sa propre réputation, & fait parade d'une effronterie qu'on ne trouve jamais qu'à la suite des vices les plus enracinés, qui ont étouffé jusqu'au moindre sentiment de la vertu.

Et tamen cum tanta ille & tam horrida monstra ore ejecit, quasi pudoris impudenter memor, plurima se ait reticere quæ non ferat patientia horum-ce temporum; sed quæ tamen arte illa, non nová, obtrudendi quæ nolis edicere, lectoribus suis præmonitis planissimè ostendit.

Et après avoir vomi tant de paradoxes monstrueux, osant encore affecter de la pudeur, il fait entendre que s'étant souvent élevé jusqu'aux grandes idées, il a été forcé de les taire, ou du moins contraint d'en énerver la force par le louche, l'énigmatique & la foiblesse de l'expression; mais cette précaution, dont l'art n'est point nouveau, n'étoit qu'une manière plus sûre de piquer la curiosité, & d'enseigner l'erreur sans se compromettre.

Est quidem hujus scriptoris propria, in insano suo libello, materiæ dispositio, non ipsa materia, quam ex impurissimis fontibus hausit, ut aliis propinaret, operam malam malè ludens in ingenio alieno, ut inde sibi nomen faceret & gloriam qualemcumque capesseret.

Au reste le Livre qu'il a donné au Public n'est de lui que pour l'arrangement des matériaux que d'autres avoient employés avant lui; c'est en travaillant sur le fond d'autrui, qu'il a prétendu se faire un nom.

Quid verò tam dignum laude, vel illâ insaná, quam isti homines affectant miserè, si quis longâ pastus consuetudine venenorum omnium, vomitum alienum resorbuit stomacho fervente revomendum, novoque cruditatis fætore virulentum.

Quel nom! Est-ce un nom capable de flatter la vanité de qui que ce soit, que celui qu'on se fait pour s'être nourri de mille poisons dont d'autres s'étoient déja servis, & de les rendre ensuite plus infects par le séjour qu'ils ont fait dans un estomac corrompu.

Mais de peur que cet Auteur ne s'inscrive en faux contre une pareille imputation, il est nécessaire de mettre sous les yeux de nos Lecteurs les sources empoisonnées où il a puisé toute la doctrine de son funeste ouvrage.

Nous ne dirons rien de son style, parceque notre objet n'est pas de censurer ces ornemens puérils, ces tours efféminés, ce vain appareil de grands mots, indignes d'une matiere grave, & qui ne sont bons que pour tromper les esprits superficiels. Que l'Auteur jouisse de ce mérite, si c'en est un.

Ne autem hæc credamur calumniari, satis erit pauca citare ex pessimis scriptoribus, unde totus liber penè exscriptus est. Nihil moramur enim nugas pueriles orationis effeminatè, in argumento tam gravi, luxuriantis, vanumque verborum strepitum, quo demulceantur vana levioris litteraturæ ingenia. Sit hæc laus hominis propria, de quâ nullum erit nostrum judicium.

DE L'AME.

Les sens sont la source de toutes les pensées: car il n'y a aucune idée de l'esprit qui n'ait auparavant été produite dans un des sens, entiere ou en partie: des pensées produites dans les sens naissent toutes les autres... la cause de la sensation est le corps extérieur, ou l'objet qui presse l'organe, & qui, en agissant sur lui, communique le mouvement, par les nerfs & les membranes, jusqu'au cerveau, & de-là au cœur... l'effort du cœur qui, par un mouvement au-dehors, repousse l'impression qu'il a reçue, paroît être quelque chose d'extérieur, & c'est cette apparence que nous appellons sensation. HOBBES *de l'homme Chap.* 1. p. 3. (a)

Nous n'avons d'idées que celles dont nous sommes redevables à nos sens. FAB. DES ABEILLES *Tom. III. p.* 236.

Juger n'est autre chose qu'appercevoir & reconnoître les rapports, les quantités & qualités ou façon d'être des objets... il est donc évi-

___

(a). *Origo omnium cogitationum vocatur sensus: nulla enim est conceptio, quæ non fuerit ante genita in aliquo sensuum, vel tota simul, vel per partes: ab his autem conceptibus omnes posteà derivantur.... causa sensationis est externum corpus sive objectum quod premit uniuscujusque organum proprium, & premendo, (mediantibus nervis & membranis) continuum efficit motum introrsùm ad cerebrum & inde ad cor, unde nascitur cordis resistentia & contrapressio, sive conatus cordis deliberantis se à passione per motum tendentem extrorsùm, qui motus propterea apparet aliquid externum, atque apparitio hæc sive phantasma est id quod vocamus sensationem.* HOBBES, *de Homine, cap.* 1. *pag.* 3.

dent que ce font les fenfations elles-mêmes qui produifent les jugemens ; ce qu'on appelle *conféquences*, dans une fuite de jugemens, n'eft que l'accord des fenfations par rapport à ces jugemens ; toutes les appréhenfions ou apperceptions ne font que des fonctions purement paffives de l'être fenfitif ; il paroît cependant que les affirmations, les négations & les argumentations marquent de l'action dans l'efprit, mais c'eft notre langage & furtout les fauffes notions... qui nous en impofent... j'apperçois dans les animaux l'exercice des mêmes fonctions fenfitives que je reconnois en moi-même... nos connoiffances évidentes ne fuffifent pas, fans la foi, pour nous connoître nous-mêmes, pour découvrir la différence qui diftingue effentiellement l'homme ou l'animal raifonnable des autres animaux : car, à ne confulter que l'évidence, la raifon elle-même, affujettie aux difpofitions du corps, ne paroîtroit pas effentielle aux hommes. DICTION. ENCYCLOP. *Articl. Evidence.*

Nous ne connoiffons pas l'effence de la matiere, ni toutes les propriétés que Dieu peut lui donner ; nous ne fommes donc pas en droit d'affurer qu'une de fes facultés ne peut pas être la faculté de penfer. LOKE. *Effai fur l'entendement humain.*

Nous ne connoiffons que très-imparfaitement la matiere, nous ignorons une partie de fes attributs. Un Philofophe moderne vient d'en découvrir un qui lui eft auffi effentiel que l'étendue, c'eft l'attraction... qui fçait fi l'on ne découvrira pas dans la fuite de nouvelles propriétés (en elle) & fi l'une de ces propriétés ne fera pas celle de penfer. *Note ajoutée à la derniere édition de* L'ESSAI SUR L'ENTENDEMENT HUMAIN.

Il ne s'agit pas de fçavoir fi l'ame eft matérielle ou fpirituelle. On convient qu'elle eft fpirituelle, puifque la religion nous l'a appris ; mais on demande fi elle n'auroit pas pu être matérielle, fi Dieu l'eût voulu ? or foutenir le contraire.... c'eft borner mal à propos la puiffance de Dieu...... c'eft raifonner mal & fuppofer pour certain ce dont on difpute. LE MARQUIS D'ARGENS, *Mémoire Secret de la République des Lettres.*

L'homme eft doué d'une raifon deftinée à le rendre fociable... la nature de fes facultés, ainfi que les principes naturels de leurs opérations, nous font inconnus..... il n'y a que les procédés de cette raifon qui puiffent être fuivis & obfervés par une attention réfléchie de cette même faculté..... nous ignorons ce qui eft en nous la bafe & le foutien de cette faculté, comme nous ignorons ce que devient ce principe au trépas : on dira que peut-être ce principe intelligent fubfifte-t-il encore après la vie.... mais il eft inutile de chercher à connoître un état fur lequel l'Auteur de la nature ne nous a inftruit par aucun phénomène. CODE DE LA NATURE. p. 228.

Le premier inftant de la vie (de l'homme) le trouve enveloppé d'une indifférence totale, même pour fa propre exiftence. Un fentiment aveugle qui ne diffère pas de celui des animaux eſt le premier moteur qui fait ceſſer cette indifférence. CODE DE LA NATURE, page 10.

Le déſir d'être heureux eſt un effet de notre ſenſibilité. CODE DE LA NATURE. p. 156.

Les beſoins (de l'homme) l'éveillent par degrés, le rendent attentif à ſa conſervation, & c'eſt des premiers objets de cette attention qu'il tire ſes premieres idées. CODE DE LA NATURE. p. 21.

Des animaux à l'homme la tranſition n'eſt pas violente: qu'étoit l'homme avant l'invention des mots & la connoiſſance des langues? Un animal de ſon eſpèce qui n'étoit diſtingué du Singe & des autres animaux que comme le Singe l'eſt lui-même. L'HOMME MACHINE. p. 30.

L'ame n'eſt qu'un vain terme dont on n'a pas d'idée & dont un bon eſprit ne doit ſe ſervir que pour nommer la partie qui penſe en nous. Poſé le moindre principe du mouvement les corps animés auront tout ce qu'il faut pour ſe mouvoir, ſentir, penſer, ſe repentir & ſe conduire en un mot dans le phyſique & le moral qui en dépend. L'HOMME MACHINE. p. 71.

Etre machine, ſentir, penſer, ſçavoir diſtinguer le bien du mal, en un mot être né avec l'intelligence, & un inſtinct ſûr de morale, & n'être qu'un animal, ſont des choſes qui ne ſont pas plus contradictoires qu'être un Singe & un Perroquet, & ſçavoir ſe donner du plaiſir.... Je crois la penſée ſi peu incompatible avec la matière organiſée qu'elle ſemble être une propriété, telle que l'électricité, la faculté motrice, l'impénétrabilité, l'étendue, &c. L'HOMME MACHINE. p. 97.

Je ſais que la figure des animaux n'eſt pas tout-à-fait humaine; mais ne faut-il pas être bien borné, bien peuple, bien peu Philoſophe, pour déférer ainſi aux apparences..... les ſens internes ne manquent pas plus aux animaux que les externes: par conſéquent ils ſont doués comme nous de toutes les facultés ſpirituelles qui en dépendent, je veux dire de la perception, de la mémoire, de l'imagination, du jugement, du raiſonnement. D'où il s'en ſuit.... que les animaux ont une ame produite par les mêmes combinaiſons que la nôtre. LES ANIMAUX PLUS QUE MACHINES. pages 4 & 5.

L'ame eſt toujours néceſſitée. Elle eſt néceſſitée à délibérer, quand elle délibere; elle eſt néceſſitée à ſe déterminer, quand elle ſe détermine; des objets également aimables la mettent en ſuſpens, s'ils paroiſſent inégaux en bonté, l'ame ne manque point de choiſir celui qui mérite la préférence.... tout le monde avoue que les perceptions de l'ame ne ſont point libres: or il en eſt de même des jugemens, qui ne ſont que des eſpèces de perception : car juger c'eſt prononcer ſur la convenance ou diſconvenance des objets qu'on compare, ce qui ne ſe fait qu'en appercevant cette convenance ou cette diſconvenance; l'ame n'a donc jamais de liberté, puiſque jamais elle n'agit ſans perception & ſans jugement. Ses motifs la déterminent.... or ses motifs se réduisent à ses idées ; & ses idées se réduisent à des perceptions & à des jugemens qui ne sont point libres.

La plûpart des Auteurs qui ont écrit sur la liberté se sont embarrassés dans des difficultés infinies, & en voulant la défendre, ils parlent un langage où ils posent des principes qui la contredisent. COLLINS *écrit sur la liberté dans le recueil de pièces sur la philosophie par* DESMAISEAUX.

N'est-ce pas renverser l'ordre de la question qui concerne la liberté & la nécessité, que de la commencer comme l'on fait par l'examen des facultés de l'ame & de l'influence de l'entendement sur les opérations de la volonté ; que ne discute-t-on auparavant une question plus simple, celle qui regarde l'opération des corps & de la matiere organisée ? que n'essaye-t-on de se former des idées de causalité & de nécessité distinctes de la liaison constante des objets, & de cette induction qui en est la conséquence ? Si toute la nécessité que nous concevons dans la matiere se réduit à ces deux points, lesquels, de l'aveu de tout le monde, ont également lieu dans les opérations de l'ame, la dispute est finie. ESSAIS PHILOSOPHIQUES *sur l'entendement humain par* HUME. *Tom. I. pages* 234. & 235.

On peut rendre une autre raison de la grande vogue que la doctrine de la liberté s'est acquise. Il y a une sensation trompeuse d'un état indifférent, fondée sur une fausse lueur d'expérience qui accompagne, ou peut, du moins, accompagner plusieurs de nos actions..... dans la plûpart des occasions, nous sentons nos actions assujetties à notre volonté, & nous nous imaginons de sentir que la volonté n'est assujettie à rien, à cause que lorsqu'on nous nie ce point, & qu'on nous provoque à des essais, nous sentons qu'elle se meut aisément en tous sens.... nous avons beau avoir un sens intime de notre liberté, rarement un spectateur s'y trompera ; le plus souvent il sera en état d'inférer nos actions de leurs motifs & de notre caractere ; ou s'il ne le peut pas, il conclura en général que ce n'est que faute de connoître parfaitement toutes les circonstances de notre situation & de notre tempérament, & les ressorts secrets de notre complexion & de notre humeur. Or c'est précisément en quoi, selon moi, consiste l'essence de la nécessité. *ibid. note pages* 236. 237. & 238.

Qu'entend-on par la liberté, lorsqu'on nomme les actes de la volonté libres ? on ne peut entendre par liberté, que le pouvoir d'agir, ou de n'agir pas, conformément aux déterminations de la volonté ; c'est-à-dire que si nous choisissons de demeurer en repos, nous le pouvons ; & que si nous choisissons de nous mouvoir, nous le pouvons aussi. Or personne ne nie que tous les hommes n'aient cette liberté hypothétique, à moins que d'être emprisonnés ou enchaînés ; ainsi point de dispute sur cet article. *Ibid. pages* 239. & 240.

On convient universellement que rien n'existe sans cause, & que le terme de hasard, à le bien examiner, n'est qu'un terme négatif qui ne peut signifier aucun pouvoir réel & existant dans la nature.

(15)

Mais on prétend qu'il y a des causes nécessaires & des causes non nécessaires; d'où paroît la merveilleuse utilité des définitions. Qu'on me définisse une cause, sans faire entrer dans la définition la liaison nécessaire avec l'effet.... c'est une chose impossible.... notre définition étant admise, la liberté, autant de fois qu'on l'oppose, non à la contrainte, mais à la nécessité, sera la même chose que le hasard, qui, de l'aveu de tout le monde, est équivalent au néant. *Ibid. pages* 240. 241. *&* 242.

DE LA MORALE.

Je n'entens autre chose par ce droit naturel que les régles de la nature de chaque individu..... comme c'est une loi générale pour toutes les choses naturelles, que chacun en particulier se perpétue en son état autant qu'il est en elle, sans avoir égard, qu'à sa propre conservation, il s'ensuit que le droit naturel de chaque individu est de subsister & d'agir selon les forces que la nature lui a données. Dans cet état nous ne distinguons pas les hommes d'avec les autres êtres naturels, ni les hommes doués de la véritable raison, d'avec ceux qui ne l'ont pas. SPINOSA, *édit. Françoise du Traité Théologico-politique chap.* 16.

Dieu à l'égard des actions des hommes, comme dans l'ordre physique du monde, a établi une loi générale, un principe infaillible de tout mouvement.... Comme il a livré les êtres inanimés à un mouvement aveugle & méchanique, il a de même livré les hommes à un guide qui les pénètre, pour ainsi dire, & les possede tout entiers. C'est le sentiment de l'amour de nous-mêmes. La sensibilité physique est en nous ce qu'est le mouvement primitif imprimé à la matiere, & qui bientôt perd son uniformité pour donner naissance à la variété des plus belles combinaisons entre les corps. C'est sur des régles presque toutes semblables, que la Divinité a construit & gouverne le monde moral. CODE DE LA NATURE, *pag.* 128, 129, 157.

Nos organes sont susceptibles d'un sentiment, ou d'une modification qui nous plaît & nous fait aimer la vie. Si l'impression de ce sentiment est courte, c'est le plaisir; plus longue, c'est la volupté; permanente, on a le bonheur : c'est toujours la même sensation, qui ne differe que par sa durée & sa vivacité; j'ajoute ce mot, parce qu'il n'y a pas de souverain bien si exquis, que le plaisir de l'amour; plus ce sentiment est durable, délicieux, flateur, nullement interrompu & troublé, plus on est heureux. Plus il est court & vif, plus il tient de la nature du plaisir. Plus il est long & tranquille, plus il s'en éloigne & s'approche du bonheur.... avoir tout à souhait, heureuse organisation, beauté, esprit, graces, talens, honneurs, richesses, santé, plaisir, gloire, tel est le bonheur réel & parfait. LA METRIE, *Antisenéque, ou Discours sur le bonheur, pag.* 7.

Nous ne disposerons pas de ce qui nous gouverne; nous ne commanderons pas à nos sensations; avouant leur empire & notre esclavage, nous tâcherons de nous les rendre agréables, persuadés que c'est-là où gît le bonheur de la vie; & enfin nous nous croirons d'autant plus heureux, que nous serons plus hommes, ou plus dignes de l'être, que nous sentirons la nature, l'humanité, & toutes les vertus sociales : nous n'en admettrons point d'autres, ni d'autre vie que celle-ci, *ibid. pag. 5. & 6.*

On dit avec raison qu'un homme qui méprise sa vie peut détruire qui bon lui semble. Il en est de même d'un homme qui méprise son amour propre. Adieu toutes les vertus, si on en vient à ce point d'indolence, la source en sera nécessairement tarie. L'amour propre seul peut entretenir le goût qu'il a fait naître. Son défaut est beaucoup plus à craindre que son excès..... le bien être est le motif même de la méchanceté. Il conduit le perfide, le tyran, l'assassin, comme l'honnête homme... Il est donc très-évident que, par rapport à la félicité, le bien & le mal sont très-indifférens, & que celui qui aura une plus grande satisfaction à faire le mal, sera plus heureux que quiconque en aura moins à faire le bien. Ce qui explique pourquoi tant de coquins sont heureux dans ce monde, & fait voir qu'il est un bonheur particulier & individuel, qui se trouve & sans vertu, & dans le crime même.... (telle) doit être la source des égards, des indulgences, des excuses, des pardons, des graces, des éloges, de la modération dans les supplices qu'on doit ordonner à regret, & des récompenses dûes à la vertu, & qu'on ne sçauroit accorder de trop grand cœur. ANTISENEQUE, *depuis la page 50. jusqu'à la page 56.*

Voyons en quoi consiste la fameuse dispute qui regne en Morale entre les Philosophes & ceux qui ne le sont pas. Chose surprenante! Il ne s'agit que d'une simple distinction, distinction solide, quoique scholastique; elle seule, qui l'eût cru, peut mettre fin à ces espéces de guerres civiles & reconcilier tous nos ennemis. Je m'explique, il n'y a rien d'absolument juste, rien d'absolument injuste, nulle équité réelle, nulles vices, nulle grandeur, nuls crimes absolus. Politiques Religionnaires, accordez cette vérité aux Philosophes, & ne vous laissez pas forcer dans des retranchemens, où vous serez honteusement défaits. Concevez de bonne foi, que celui-là est juste, qui pese la justice au poids de la Société; & à leur tour les Philosophes vous accorderont, & dans quel tems l'ont-ils nié, que telle action est relativement juste ou injuste, honnête ou deshonnête, vicieuse ou vertueuse, louable, infâme, criminelle, &c. Qui vous dispute la nécessité de toutes ces belles rélations arbitraires?... Oui, vous avez raison Magistrats, Ministres, Législateurs, d'exciter les hommes par tous les moyens possibles, moins à faire un bien dont vous vous inquiétez peut-être peu, qu'à concourir à l'avantage de la Société, qui est votre point capital, puisque vous y trouvez votre intérêt. LAMETRIE, *Discours Préliminaire, pag. 31. & 32.*

Puisque

Puifque nous fçavons à n'en point douter...... que ce qui tient du légal ne fuppofe abfolument aucune équité, laquelle n'eft reconnoiffable qu'au caractére que j'ai rapporté, je veux dire l'intérêt de la Société; Voilà donc enfin les ténebres de la Jurifprudence & les chemins couverts de la politique éclairés par le flambeau de la Philofophie; ainfi toutes les vaines difputes fur le bien & le mal moral, a jamais terminées. *ibid. pag.* 59.

Puifque la Morale tire fon origine de la politique, comme les Loix & les Bourreaux; il s'enfuit qu'elle n'eft pas l'ouvrage de la nature, ni par conféquent de la Philofophie ou de la raifon; tous termes fynonimes. *Ibid. pag.* 6.

Les vices des Particuliers ménagés avec dextérité par d'habiles Politiques, peuvent être tournés à l'avantage du Public.

Il feroit abfolument impoffible de rendre une Nation peuplée, riche & floriffante, fi l'on en banniffoit ce que nous appellons mal, foit Phyfique, foit Moral.

Une Nation frugale & tempérante fera pauvre, ignorante, fans vices confidérables, mais fans vertus.

Jamais l'homme ne s'anime avec tant d'ardeur, que lorfqu'il eft excité par les défirs. Son excellence & fa capacité demeurent enfoüies fi nul objet confidérable ne le réveille. Sans l'influence des paffions, notre machine eft femblable à un vafte moulin, dans un tems de calme.

Le bonheur d'une Nation confifte dans l'opulence, dans le pouvoir, la gloire & la fplendeur... Or la vertu, la probité, la frugalité, la modération, la modeftie ne produiront pas ces effets; mais bien la prodigalité, l'avarice, l'envie, l'ambition, la vanité & l'orgueil, & les autres vices tempérés les uns par les autres.

L'orgueil & la vanité ont plus bâti d'hôpitaux, que toutes les vertus enfemble.

Si les femmes étoient modeftes, raifonnables, obéiffantes à leurs maris, en un mot fi elles avoient toutes les vertus, elles ne contribueroient pas de la milliéme partie autant à rendre un Royaume opulent, puiffant & floriffant, qu'elles y contribuent par les qualités qui les deshonorent.

Le chef-d'œuvre du Légiflateur, a été d'apprendre aux hommes à combattre leurs appétits, & de leur perfuader qu'il convenoit mieux d'avoir égard à l'intérêt public, que de fe borner à leur intérêt particulier.

Le genre humain s'eft accordé à donner le nom de vice à toute action que l'homme commettroit pour fatisfaire quelques-uns de fes appétits, fans égard à l'intérêt public, & le nom de vertu à toutes les actions qui, étant contraires aux mouvements de la nature, tendroient à procurer les avantages du prochain.

Plus nous examinerons de près la nature de l'homme, plus nous nous convaincrons que les vertus morales font des productions politiques, que la flaterie engendra de l'orgueil.

(18)

Le *pulchrum* & l'*honestum* changent comme les modes.

C'est le mal, soit Moral, soit Physique, qui est le fondement de toutes les Sociétés.

Pour veiller à notre propre conservation, l'Auteur de la nature nous a fait naître avec l'amour de nous-mêmes par-dessus toutes choses. FABLE DES ABEILLES, 3 premiers vol.

C'est le comble de la folie que de se proposer la ruine des passions. PENSÉES PHILOSOPHIQUES. pag. 6. pensée sixième.

Les Moralistes déclament d'ordinaire avec force contre les passions, & ne se lassent pas de vanter la raison. Je ne craindrai pas d'avancer qu'au contraire, ce sont nos passions qui sont innocentes, & notre raison qui est coupable. LES MŒURS, pag. 73. I. partie.

Regardera-t-on comme une pente incommode, cette pente insurmontable qui entraîne un sexe vers l'autre..... consentir à satisfaire ce besoin, c'est le seul moyen raisonnable pour s'affranchir de son importunité. LES MŒURS, pag. 65. I. partie.

Si le hasard a voulu que (le Philosophe) fût aussi-bien organisé que la Société peut, & que chaque homme raisonnable doit le souhaiter, le Philosophe s'en félicitera & même s'en réjouira, mais sans suffisance & sans présomption. Par la raison contraire, comme il ne s'est pas fait lui-même, si les ressorts de sa machine jouent mal, il en est fâché, il en gémit en qualité de Citoyen ; comme Philosophe, il ne s'en croit pas responsable. Trop éclairé pour se trouver coupable de pensées & d'actions, qui naissent & se font malgré lui, soupirant sur la funeste condition de l'homme, il ne se laisse pas ronger par ces bourreaux de remords.... Nous ne sommes pas plus criminels en suivant l'impression des mouvemens primitifs qui nous gouvernent, que le Nil ne l'est de ses inondations, & la mer de ses ravages. LAMETRIE, *Système d'Epicure*, art. 47. & 48.

La continence, quoique volontaire, n'est pas estimable par elle-même ; elle ne le devient qu'autant qu'elle importe accidentellement à la pratique de quelques vertus, ou à l'exécution de quelques desseins généreux ; hors ces cas, elle mérite souvent plus de blâme que d'éloges. LES MŒURS, II. partie pag. 303.

Que faire pour être heureux ? Etre méchant si l'on a l'esprit, l'ame, le cœur & les penchans tournés à la méchanceté ; être bon si on a l'ame, le cœur & les penchans tournés à la bonté, & mourir comme on a vécu.... J'aurai beau dire aux moutons de faire les loups, ils seront toujours moutons ; & aux loups d'être doux comme des agneaux, ils resteront toujours loups. LES CARACTERES, I. partie pag. 131. & 133.

Les loix (établies contre ceux qui se tuent eux-mêmes) sont bien injustes. Quand je suis accablé de douleur, de misères, de mépris, pourquoi veut-on m'empêcher de mettre fin à mes peines & me priver cruellement d'un remède qui est en mes mains. LETTRES PERSANNES, Lettre 74. édit. de 1712.

Veut (on) me condamner à recevoir des graces qui m'accablent? (En séparant mon ame de mon corps) troublai-je l'ordre de la Providence, lorsque je change les modifications de la matiere, & que je rends quarrée une boule que les premieres loix du mouvement..... avoient fait ronde? Non sans doute : je ne fais qu'user du droit qui m'a été donné..... sans que l'on puisse dire que je m'oppose à la Providence.

Lorsque mon ame sera séparée de mon corps, (par le suicide) y aura-t-il moins d'ordre & moins d'arrangement dans l'Univers? Toutes ces idées n'ont d'autre source que notre orgueil..... nous nous imaginons que l'anéantissement d'un être aussi parfait que nous, dégraderoit toute la nature. *Ibid. lett.* 74.

Cette action (le suicide) chez les Romains, étoit l'effet de l'éducation, elle tenoit à leur maniere de penser & à leurs coûtumes; Chez les Anglois elle est l'effet d'une maladie; elle tient à l'état physique de la machine & est indépendante de toute autre cause.

Il est clair que les Loix civiles de quelques pays peuvent avoir eu des raisons pour flétrir l'homicide de soi-même; mais en Angleterre, on ne peut pas plus le punir qu'on ne punit les effets de la démence. ESPRIT DES LOIX, *Tom. II. liv.* 14. *chap.* 12.

DE LA RELIGION.

La Religion eût pu parler le langage de la raison; Nicole cette belle plume du siécle passé qui l'a si bien contrefait, le lui eût fait parler. LAMETRIE, *Discours préliminaire de ses œuvres pag.* 59.

L'attachement mal entendu au culte extérieur dans lequel on est élevé, est une source de haine entre ceux qui en professent de différens..... On couvre du nom de zéle ce qui n'est qu'attachement à son propre sens, aveugle opiniâtreté, fanatisme & barbarie. LES MŒURS, *III. part. pag.* 444.

L'esprit d'intolérance est un esprit de vertige, dont les progrès ne peuvent être regardés que comme une éclipse entiere de la raison humaine. LETTRES PERSANNES, *lettr.* 75.

Julien Apostat valoit-il moins que Chrétien? en étoit-il moins un grand homme & le meilleur des Princes..... Croire un Dieu, en croire plusieurs, regarder la nature comme une cause aveugle & inexplicable de tous les phenomènes, ou séduits par l'ordre merveilleux qu'ils nous offrent, reconnoître une intelligence suprême plus incompréhensible encore que la nature..... Voilà le champ où les Philosophes ont fait la guerre entr'eux, depuis qu'ils ont connu l'art de raisonner, & cette guerre durera tant que cette reine des hommes, l'opinion, regnera sur la terre: Voilà le champ où chacun peut encore aujourd'hui se battre & suivre parmi tant d'étendards celui qui rira le plus à sa fortune, ou à ses préjugés, sans qu'on ait rien à craindre de si frivoles & si vaines escarmouches; mais c'est ce que ne peuvent comprendre ces esprits qui ne voient pas plus loin que leurs yeux. LA MÉTRIE, *Discours préliminaire, pag.* 26 *&* 27.

DU GOUVERNEMENT.

Magistrats, Grands d'une République, Monarques, qu'êtes-vous dans le Droit naturel à l'égard des Peuples que vous gouvernez ? de simples Ministres députés pour prendre soin de leur bonheur, déchus de tout emploi, & les plus vils membres de ce corps, dès que vous remplissez mal votre commission . . . . Une Nation qui met un de ses Citoyens à sa tête, n'est-elle pas en droit de lui dire . . . . si nous trouvons notre utilité à vous proroger le gouvernement, si nous jugeons que quelqu'un des vôtres en soit capable, après vous, nous pourrons agir en conséquence, par un choix libre & indépendant de toute prétention. Et je demande quelle capitulation, quel titre, quel droit d'antique possession peut prescrire contre la vérité de cette chartre divine, peut en affranchir les Souverains ? . . . . Que l'on juge sur cet exposé de la forme ordinaire des Gouvernemens. CODE DE LA NATURE, *pag.* 117. 120. *&* 121.

Toute autorité vient d'une autre origine que de la nature ; qu'on examine bien, & on la fera toujours remonter à l'une de ces deux sources : ou la force & la violence de celui qui s'en est emparé, ou le consentement de ceux qui s'y sont soumis par un contrat fait ou supposé entre eux & celui à qui ils ont déféré l'autorité . . . . . La puissance qui vient du consentement des Peuples suppose nécessairement des conditions qui en rendent l'usage légitime, utile à la Société, avantageux à la République, & qui la fixent & la restraignent entre des limites . . . . La vraie & légitime puissance a nécessairement des bornes . . . . Enoch & Elie qui résisteront (à l'Antechrist) ne seront ni des hommes rebelles ni séditieux . . . . mais des hommes raisonnables, fermes & pieux, qui sçauront que toute puissance cesse de l'être dès qu'elle sort des bornes que la raison lui a prescrites, & qu'elle s'écarte des régles que le Souverain des Princes & des Sujets a établies ; des hommes, enfin, qui penseront comme Saint Paul, que toute puissance n'est de Dieu qu'autant qu'elle est juste & reglée. Le Prince tient de ses Sujets l'autorité qu'il a sur eux, & cette autorité est bornée par les loix de la nature & de l'état. Les loix de la nature & de l'état sont les conditions sous lesquelles ils se sont soumis. DICTIONNAIRE ENCYCLOP. ARTIC. AUTORITÉ.

Nul ne promet sans fraude de renoncer au droit qu'il a sur toutes choses, & personne ne tiendra effectivement sa promesse, s'il n'y est invité par la crainte d'un plus grand mal ou par l'espérance d'un plus grand bien . . . . Nulle convention n'est valide qu'autant qu'elle est utile ; sans cette circonstance tout Contrat est de nul effet. Par conséquent on ne doit exiger de personne une foi inviolable, à moins que l'on n'ait fait ensorte que l'infracteur ne souffre encore plus de dommage que de profit. SPINOSA, *Traité Théologico-politique*, chap. 16.

Un prudent & avisé Seigneur ne peut ni ne doit garder si étroitement sa foi, quand telle observance lui est préjudiciable, & que les occasions & nécessités qui la lui ont fait promettre, sont ja passées & éteintes, car si tous les hommes étoient bons, ce précepte seroit à blâmer; mais vue leur ordinaire mauvaiseté, & qu'eux-mêmes ne te la garderoient pas, tu n'es tenu aussi de la leur observer: & ne faut point avoir peur qu'un Prince ne trouve toujours suffisante raison pour tolérer cette infraction de foi; on peut amener infinis exemples à ce propos; combien de paix, de tréves & promesses ont été rompues par infidélité des Princes, & que celui qui a mieux fait le Renard, est le plutôt venu au-dessus de ses affaires; si est-il besoin toutefois de déguiser bien fort cette nature & user de grande feinte & dissimulation. LE PRINCE DE MACHIAVEL, *traduit de l'Italien en François*, édit. in-4°. de 1634. chap. 18. pag. 64. & 65.

Quel mal, je le demande aux plus grands ennemis de la liberté de penser & d'écrire, y a-t-il d'acquiescer à ce qui paroît vrai, quand on reconnoît avec la même candeur, & qu'on suit avec la même fidélité ce qui paroît sage & utile.... Ne peut-on tâcher d'expliquer & de deviner l'énigme de l'homme? en ce cas, plus on seroit Philosophe, plus, ce qu'on n'a jamais pensé, on seroit mauvais citoyen. Enfin quel funeste présent seroit la vérité, si elle n'étoit pas toujours bonne à dire: quel apanage superflu seroit la raison, si elle étoit faite pour être captivée & subordonnée? Soutenir ce système, c'est vouloir ramper, & dégrader l'espéce humaine..... mais écrire en Philosophe, c'est enseigner le matérialisme? Hé bien! quel mal. LAMETRIE, *Discours préliminaire* pag. 17. & suivantes.

Nous nous abstiendrons d'indiquer les autres sources où a puisé l'Auteur que nous nous proposons de censurer, de crainte que les vapeurs empoisonnées qui s'exhalent de ces cloaques d'impureté & d'irreligion, ne deviennent funestes à nos Lecteurs. Les esprits sont aujourd'hui si susceptibles de mauvaises impressions, qu'on doit craindre de leur fournir la moindre occasion de tomber	Ab aliis fontibus nostrâ hac ætate undequaque scaturientibus, ex quibus totus liber, cujus judicium & censuram instituimus, haustus est, tanquam è cloacis rerum sordium, indicandis consulto abstinemus, ne horum vapor pestifer noceat propiùs accedentibus: ita pronum est hodie humanis ingeniis, dum sapere volunt ultra sobrietatem, dilabi à ratione ad ineptias, atque in de-

lirium philosophicum impingere.

Ite ergo superbi Philosophiæ sectatores, vilia ingenii, cujus estis facti ludibrium, mancipia, rationis fastidiosi laudatores vicissim & ejus laudum detractores indefessi, ite: non vestris indiget documentis christiana simplicitas, cujus obsequium rationabile in iis continetur quæ bona sunt, sancta, animarum saluti & totius humani generis felicitati consentanea. Vos argutiis vanis Deum traducetis tanquam ens iners & otiosum, de quo plura inquiri supervacaneum sit, cum societatibus sit perinde, sive existat, sive non. Hominis naturam deformabitis, à belluarum feritate, solo organorum instrumento separatam ac sejunctam. Docebitis litandum esse Veneri & Astarte tanquam veris virtutum remuneratricibus quæ obscœnis voluptatibus compensent tristem & sævam existendi necessitatem. Satuetis Regibus honores regios ponendos esse aut sumendos arbitrio popularis famæ aut licentiæ.

dans les délires de la Philosophie de nos jours.

Allez donc, Sectateurs vains & orgueilleux d'une fausse Philosophie, vils esclaves d'une folle sagesse, dont vous êtes le jouet, tour à tour panégyristes outrés & détracteurs injustes de la raison. Allez: la simplicité Chrétienne n'a pas besoin de vos leçons, elle sçait sans vous, & mieux que vous, ce qui est bon, ce qui est saint, ce qui contribue au salut des ames & au bonheur du genre humain. Quand vous nous parlez de Dieu, vous le peignez comme un Etre oisif & inutile dont on peut se dispenser de chercher à connoître l'existence & les attributs, qui n'ont aucune espece d'influence sur la Société humaine. Vous défigurez l'homme, que vous ne distinguez des bêtes que par l'appareil de ses organes extérieurs. Vous ne connoissez de récompense pour la vertu que la jouissance des plaisirs honteux, qui seuls dites-vous peuvent vous consoler du malheur d'être. Enfin vous voulez que les Rois prennent ou quittent au gré du caprice d'un peuple aveugle & injuste les droits & l'exercice de la Royauté.

At nos Deum profitemur

Le Christianisme suit d'autres principes: il professe un Dieu unique, doüé de toutes les perfections, un Dieu bon, juste, dont la Providence s'étend sur tout, & principalement sur les choses humaines. Il sçait que le genre humain, innocent & pur, au sortir des mains de Dieu, a été souillé par le crime du premier homme, racheté par le sang de J. C. & rendu à sa première destination. Il croit que l'ame de l'homme est faite pour Dieu; qu'elle ne peut être rassasiée que de Dieu, & que son cœur ne trouve point de repos, à moins qu'il ne se repose en Dieu. Enfin il reconnoît que la puissance des Rois est une émanation de la puissance de Dieu même; qu'il faut obéir aux Rois pour plaire à Dieu, & que si on leur résiste, Dieu même punit la résistance.

Ce sont là les sentimens dont un cœur Chrétien se nourrit: il les tient de Dieu même qui a parlé par ses Prophetes, par son Fils, par les Apôtres. Et on ne l'accusera pas de se livrer imprudemment à la foi qui le persuade, à moins qu'on ne suppose que Dieu peut tromper les hommes, ou que l'univers entier a pu être séduit par des hommes, foibles, ignorans, par de simples pêcheurs qui n'avoient d'autres armes que

unum, omni perfectionum genere cumulatissimum, bonum, justum, rebus omnibus, ac præcipuè humanis, intentum & providentem. Scimus hominis naturam puram in origine fuisse, mox peccato temeratam, Christi beneficio deinde restitutam, redditamque fini suo primigenio. Credimus animam Dei capacem solo Deo satiandam, corque, quod Deo factum est, irrequietum esse donec in Deo requiescat. Tandem agnoscimus regum potestatem ab ipso Deo derivatam esse, cui obtemperandum sit propter Deum, quia ubi resistitur, acquiritur damnatio.

His institutis, tanquam elementis, innutriti vivimus, quæ tradidit Deus ipse loquens in prophetis, in filio, in apostolis. Nec quisquam nos falsa niti persuasione suspicabitur, qui non sibi finxerit Deum deceptorem esse hominum, aut orbem terrarum universum deceptum fuisse à rudibus hominibus, illiteratis, ignobilibus, piscatoribus, quorum ars omnis, aperta simplicitas; quorum opes, paupertas nuda; qui quod

Joan. cap. 1. audiverant, quod viderant, quod manus contrectaverant, de verbo vitæ annuntiabant, *proprioque sanguine obsignabant. Quo genere probationis nobiles & ignobiles, docti & indocti pervicti sunt, ut impietatem suam dediscerent, Christoque nomen darent, & ei crucifixo.*

la patience; d'autres richesses que la pauvreté; d'autre conseil que la simplicité; qui n'annonçoient du verbe de vie que ce qu'ils avoient entendu, que ce qu'ils avoient vu, que ce qu'ils avoient touché de leurs mains, & qui scellant de leur propre sang la vérité qu'ils prêchoient, convainquirent les grands & les petits, les sçavans & les ignorans, & forcerent le genre humain de renoncer à l'idolâtrie pour croire en J. C. crucifié.

At unde lux affulgebit quæ densas divinorum oraculorum tenebras discutiat? neque enim ita clara ac perspicua sunt omnia, ut expositione non indigeant, aut genuinus eorum sensus cuique semper occurrat.

Mais les Livres sacrés sont-ils assez clairs par eux-mêmes pour dissiper nos doutes & fixer nôtre croyance? Et s'ils ne le sont pas, quelle sera la lumiere qui pourra nous éclairer?

Timorem pellite. Aderit Ecclesia quam Christus fundavit, cum quâ se futurum esse promisit usque ad consummationem sæculi, quam adeo splendidis notis insignivit, cui tam obvios caracteres insculpsit, ut qualibet aliâ societate, quæ vel ipsam mentiretur, vel aliquam haberet cum ipsâ affinitatem, non difficili secerneretur negotio, apud
Eph. c. 4. ⅴ. 11. & 12. *quam dedit pastores & doctores ad consummationem sanctorum, in opus ministerii, ut non circumferamur*

J. C. a fondé son Eglise avec laquelle il a promis de demeurer jusqu'à la consommation des siécles; on peut toujours la reconnoître par les caractéres qui lui sont propres & qui la distinguent de toutes les autres Sociétés qui pouroient avoir quelque trait de ressemblance avec elle; on peut la consulter, parce qu'elle est toujours présente; elle a ses Pasteurs, elle a ses maîtres que Dieu a institués pour travailler à la *perfection des Saints & aux fonctions*

fonctions de leur ministere...., afin que nous ne soyons pas comme des enfans, comme des personnes flotantes, & qui se laissent emporter à tous les vents des opinions humaines, par la tromperie des hommes & par l'adresse qu'ils ont à engager artificieusement dans l'erreur. Il suffit de sçavoir si elle a parlé, parce que quand elle a parlé, les recherches sont inutiles, la résistance est une folie, & le doute seul est un crime.

Qu'ils cessent donc ces Philosophes, (car ils aiment qu'on les nomme ainsi) ces Philosophes sortis, non de l'Académie de Platon, ni du portique de Zénon, mais de l'étable (a) d'Epicure! Qu'ils cessent de nous reprocher notre aveuglement dans ce qui concerne la nature & la Divinité. Nous n'avons d'autre Doctrine que celle de nos Peres, que celle qu'ils professoient eux-mêmes avant que d'avoir renoncé à leur Baptême. Qu'ils cessent de nous faire de mauvais procès sur une Religion, sur des principes de mœurs qu'un long usage & un droit incontestable nous assurent. Qu'ils cessent d'ébranler la fidélité dûe au meilleur des Rois, à qui toute la Nation a donné

omni vento doctrinæ. De quâ proinde hoc unum sciscitandum est, utrum locuta sit, necne ; quia ubi locuta semel est, plura inquirere superfluum, nefas dubitare, stultum repugnare.

Desinant ergò philosophi nostri (quoniam ita iis placet audire) philosophi autem non è Platonis academiâ aut è Zenonis stoâ producti, sed ex harâ Epicuri: desinant nobis tam in naturalibus, quàm in divinis stolidam cæcitatem objicere, qui eâdem utimur doctrinâ quâ usi sunt Patres nostri, quâ usi sunt & ipsi, antequam fidem baptismatis ejurarent : desinant de religione nostrâ hereditariâ, de moribus antiquis, litem vanam intendere longo usu & probato jure possidentibus : desinant obsequium sollicitare à subditis fidelibus & Christianissimis, regi optimo & Christianissimo persolvendum. Se quales tandem, & qui sint respicianz ; quo nomine agant, & quo jure ;

(a) Cette expression, qui paroît trop forte, n'est que juste, puisque ces Auteurs se mettent eux-mêmes au niveau des Bêtes.

quâ virtute & quo ingenio valeant, aut contra quem hostem certamen instituant.

Ipsa est Ecclesia Dei sancta, super Petram à Deo fundata, mille præliis defuncta gloriosè, ventis & procellis innumerabilibus, his-ce longè gravioribus, non eversa aut turbata; sed in sedibus suis magis ac magis confirmata.

Non enim hodie primùm invidiam & impetus philosophorum experta est Ecclesia. Experta est vixdum nascens, & brevibus sanè locis adhuc conclusa, cùm esset deformata ipsa & cruenta vulneribus, igne & ferro omnibus locis excarnificata. Experta est, quales quosque viros! instructos apparatu disciplinarum omnium, summâ arte & eloquentiâ præditos, sectarum omnium conjuratis viribus adjutos: eorum impetus pertulit, retudit. Ejus milites in excubiis positos ad se abducere tentavit schisma; hæresis regum & imperatorum defensa viribus, munimenta ejus vellere conata est sæpè; in eam Dæmonum conjuratus omni ævo exarsit furor; nullum nullo tempore

de concert le nom de *Bien aimé.* Qu'ils se considèrent eux-mêmes, qu'ils examinent ce qu'ils sont, quels droits ils ont, quels titres, quelle mission; & sur tout à quel ennemi ils osent déclarer la guerre.

C'est à cette Eglise sainte que J. C. a fondée sur la pierre, qui a soutenu tant d'assauts; à cette Eglise qui a bravé des tempêtes mille fois plus terribles que celle-ci, & qui, loin de l'ébranler, n'ont fait que l'affermir d'avantage sur ses fondemens.

Ce n'est pas d'aujourd'hui qu'elle a été en butte aux traits de ceux que le siécle appelle Philosophes. On l'a vu aux prises avec ces mêmes ennemis lorsqu'elle ne faisoit que de naître, & qu'elle étoit renfermée dans les bornes les plus étroites; lorsqu'elle étoit livrée à la fureur des bourreaux & qu'on employoit le fer & le feu pour la détruire. Dans ces momens critiques elle repoussoit les attaques des sages du Paganisme, mais quels sages! des hommes profonds dans toutes les sciences, armés de la plus subtile dialectique & de la plus forte éloquence, soutenus de l'effort unanime de toutes les sectes conjurées contre le Christianisme. Le schisme a tenté mille fois de lui enlever ses milices; l'hérésie souvent appuyée de l'autorité des Rois & des Empereurs, a voulu forcer ses retranchemens; l'enfer a armé contre elle toute sa fureur; dans tous les tems, point de repos, point de tréve; mais toujours soutenue par la main de Dieu & plus terrible qu'une armée rangée en bataille; elle a vu ses ennemis, & ils ont fuis comme le mensonge fuit devant la vérité.

C'est toutefois cette même Eglise qui s'appuie aujourd'hui sur tant de trophées, qui est protégée par tant de Rois, sur tout par le Roi Très-Chrétien, qui est défendue même par les Loix civiles, enfin qui est établie dans les mœurs des Peuples depuis dix-huit siécles : c'est cette Eglise qui se trouve attaquée aujourd'hui par les pratiques secrettes d'un petit nombre d'hommes sans nom, la plûpart vils, mercenaires, faisant trafic de leur impiété, parce qu'ils n'ont pas d'autres ressources. La postérité, sans doute, reprochera à notre siécle sa patience excessive & sa foiblesse.

La plûpart de ces hommes ne sont pas inconnus ; l'Eglise les souffre encore, quoiqu'à regret, dans son sein comme des insectes venimeux. L'Etat les laisse encore dans la Société; cepen-

intervallum illi datum est aut requies pugnæ : verùm factâ Dei præsidio acie ordinatâ terribilior, hostes fudit, fugavitque solo intuitu, quasi luce veritatis.

Atqui illa eadem est Ecclesia hodie tot trophæis suis fundata, tot regibus, ac nostro potissimum Christianissimo defensa, legum ipsarum civilium patrocinio tuta, moribus tandem populorum & præscripto jure octodecim sæculorum comprobata : illa, inquam, est quam operæ pauculorum hominum, ignotorum locatæ furtim & fraudulenter mercatoribus nugivendis lacessere audent & quasi ad justum certamen provocare. Næ pudet sæculi hujus nostri & nostræ inauditæ adhuc patientiæ!

Horum hominum ne unus est quidem non apprimè notus nobis, quos Ecclesia tanquam venenosos vermes sinu adhuc retinet gemens. Hos novit itidem & eodem nomine ægrè ferens Gallia; in quos &

D ij

(28)

Pontifex maximus, & hujus urbis Archipræsul illustrissimus, & Christianissimus Rex, nec non amplissimus Senatus jam minas ostendêre graves, majoris iræ ac pænæ prænuntias, si furere perseverent. Hoc exemplo levi, si sapiunt, intelligant se non impunè laturos, nisi à malis artibus suis abstineant se, quibus alios cives corrumpere conantur, & sui similes efficere. Timeant ne forte in rempublicam à se ipsis temerè jactatam coire cogantur. Quâ in republicâ privati commodi & cupidinum æstu abrepti omnes, nec ullo freno legum aut religionis retardati, barbarum hunc morem patientur ac plusquam ferinum, quo valentiores viribus, cæteros jugulabunt, isti valentiores se veneno ac fraude intercipient; sicque mutuis artibus offensi terram tandem onere ingrato levabunt.

dant le Souverain Pontife, l'illustre Archevêque de cette Capitale, le Roi, le Parlement, viennent de leur faire pressentir leur indignation, & ce qu'ils doivent attendre, s'ils persévèrent dans leurs fureurs. Cet avis doit suffire, s'ils sont encore capables de réflexion, pour les faire rentrer en eux-mêmes, & pour les engager à renoncer au projet qu'ils ont formé de pervertir les esprits & de corrompre les cœurs. Qu'ils craignent surtout qu'on ne les oblige de composer cette République, dont ils aiment à tracer le plan; où les hommes uniquement occupés de l'intérêt personnel, sans loix, sans religion, sans frein pour arrêter la fougue des passions, se détruiroient mutuellement, les plus forts en usant du glaive, & les foibles en se servant du poison, & par ce moyen délivreroient la terre d'une race inhumaine qui la deshonore.

I. Mac. cap. 12. *Interea; cùm nos jusserit Dominus vigilare & esse in armis paratos ad pugnam, nosque posuerit custodes per circuitum castrorum nostri erat officii malis unde-quaque ingruentibus obsistere, ne vires eundo acquirerent.*

Pour nous, chargés que nous sommes par le Seigneur de garder son camp & de veiller sous les armes, pour être toujours prêts à combattre, il étoit de notre devoir de nous opposer aux entreprises de l'ennemi & d'arrêter, autant qu'il étoit en nous, ses progrès.

C'est par cette raison que nous avons choisi le Livre de l'Esprit, comme réunissant toutes les sortes de poisons qui se trouvent répandues dans différens Livres modernes : nous en avons extrait un certain nombre de propositions, que nous avons notées, ainsi que la Faculté a coûtume de le faire, mais avec des qualifications extraordinaires que la nature des erreurs a exigé de nous.

Quod ut præstaremus, librum cui titulus DE L'ESPRIT, *ut omnium aliorum venena complectentem in sese, inter alios selegimus, ex eoque excerpsimus propositiones nonnullas, quibus notas sequentes pro more & instituto majorum adjecimus, plerasque non usurpatas quidem à Patribus, sed hodie necessarias in damnandis erroribus hactenus inauditis.*

PROPOSITIONS
SUR L'AME.

I.

Disc. I. ch. 1.
pag. 1. & 2. édi-
tion *in* 4°.

OUR pouvoir donner une idée juste & précise de ce mot *Esprit* & des différentes acceptions dans lesquelles on le prend, il faut dabord considérer l'esprit en lui-même. Ou l'on regarde l'esprit comme l'effet de la faculté de penser.... où l'on le considere comme la faculté même de penser.

Pour sçavoir ce que c'est que l'esprit, pris dans cette derniere signification, il faut connoître quelles sont les causes productrices de nos idées. Nous avons en nous deux facultés, ou, si j'ose le dire, deux puissances passives..... L'une est la faculté de recevoir les impressions différentes que font sur nous les objets extérieurs; on la nomme *sensibilité physique*. L'autre est la faculté de conserver l'impression que ces objets ont faite sur nous; on l'appelle *mémoire*: & la mémoire n'est autre chose qu'une sensation continuée, mais affoiblie.... Je regarde (ces facultés) comme les causes productrices de nos idées.

II.

Je dis que la sensibilité physique & la mémoire, ou, pour parler plus exactement, que la sensibilité seule produit toutes nos idées. En effet, la mémoire ne peut être qu'un des organes de la sensibilité physique.

Disc. I. ch. 1. p. 6.

III.

Toutes les opérations de l'esprit se réduisent à juger.... tout jugement n'est qu'une sensation.

Disc. I. ch. 1. pag. 9. & 10.

IV.

Juger.... n'est proprement que *sentir*.

Disc. I. ch. 1. p. 41.

V.

Dans l'homme, tout se réduit à sentir. Mais, dira-t-on, comment jusqu'à ce jour a-t-on supposé en nous une faculté de juger distincte de la faculté de sentir ? L'on ne doit cette supposition, répondrai-je, qu'à l'impossibilité où l'on s'est cru, jusqu'à présent, d'expliquer d'aucune autre manière certaines erreurs de l'esprit.

Disc. I. ch. 1. p. 12.

CENSURE.

Ces propositions, dans lesquelles on assure « Que toutes les opérations de l'ame, sçavoir ses perceptions & ses jugemens, ne sont que des sensations, c'est-à-dire, des impressions que les objets extérieurs ou les corps font sur nous ; Que toutes les facultés de l'ame se réduisent uniquement à deux puissances purement passives, sçavoir la *sensibilité physique* & la *mémoire*, puissances qui sont les seules causes productrices de nos idées. »

Ces propositions puisées dans les sources impures de l'Athéïsme, sont fausses, absurdes, contraires au sens intime ; Elles dépouil-

CENSURA.

Hæ propositiones, in quibus asseritur » omnes operationes mentis, perceptiones & judicia, » nihil aliud esse, quàm sensationes, id est, perpessiones ab objectis externis, seu corporibus » ortas ; mentisque humanæ facultates duabus duntaxat contineri potentiis merè passivis, » sensibilitate nimirum physicâ & » memoriâ, quæ solæ sint omnium » nostrarum idearum causæ productrices. «

Haustæ ex impuris Atheorum fontibus, falsæ sunt, absurdæ, sensui intimo contrariæ, omnem in deliberando libertatem tollunt, &

in judicia quælibet inducunt necessitatem; cognitionem Dei & rerum omnium spiritalium, utpotè sensibus non subjectarum, nullam esse supponunt; commune veritatis auferunt criterium, quod in solâ esse nequit uniuscujusque sensatione quæ pro vario organorum habitu varia est, ad singulare semper determinata & rationis judicio, ut veritas constet, expendenda; omnis proinde veræ scientiæ fundamenta destruunt; præcipuum Materialismi virus continent, & ad Atheismum ducunt.

lent l'homme de toute liberté dans ses délibérations; Elles soumettent tous les jugemens humains à une fatale nécessité; Elles supposent que l'homme n'a & ne peut avoir aucune connoissance de Dieu, & des choses spirituelles, puisque ces objets ne tombent pas sous les sens; Elles détruisent toute regle commune de vérité, regle qui ne peut être la sensation, laquelle varie suivant les dispositions différentes du sujet qu'elle affecte, est toujours déterminée à un objet particulier, & doit être soumise au tribunal de la raison qui peut seule décider de la vérité de son rapport; Elles renversent, par consequent, les fondemens de toute véritable science; Elles contiennent enfin le venin du Matérialisme, & conduisent à l'Athéisme.

V I.

Disc. I. ch. 1.
p. 2.

Ces facultés (la sensibilité physique & la mémoire) que je regarde comme les causes productrices de nos pensées, & qui nous sont communes avec les animaux, ne nous occasionneroient cependant qu'un très-petit nombre d'idées, si elles n'étoient jointes en nous à une certaine organisation extérieure. Si la nature, au lieu de mains & de doigts flexibles, eût terminé nos poignets par un pied de cheval; qui doute que les hommes..... ne fussent encore errans dans les forêts comme des troupeaux fugitifs.

V I I.

Disc. I. ch. 1.
p. 4.

Sans une certaine organisation extérieure, la sensibilité & la mémoire ne seroient en nous que des facultés stériles.

V I I I.

Disc. I. ch. 1.
p. 2. note (*).

On a beaucoup écrit sur l'ame des bêtes: on leur a, tour à tour ôté & rendu la faculté de penser; & peut-être n'a-t-on pas assez scrupuleusement cherché, dans la différence du physique de l'homme & de l'animal, la cause de l'infériorité de ce qu'on appelle l'ame des animaux.

I X.

(33)

IX.

C'est en combinant toutes (les) différences, dans la physique de l'homme & de la bête, qu'on peut expliquer pourquoi la sensibilité & la mémoire, facultés communes aux hommes & aux animaux, ne sont, pour ainsi-dire, dans ces derniers, que des facultés stériles.

Disc. I. ch. 1. p. 3. aux notes, colonne 2.

CENSURE.

Ces propositions dans lesquelles on assure « Que la sensibilité » physique & la mémoire sont » tellement communes à l'hom- » me & aux animaux, qu'il n'y » a d'autre cause de l'infériorité » de ce qu'on appelle l'ame des » bêtes & de la supériorité de » l'homme sur la brute, que la » différence extérieure des orga- » nes, en sorte que cette seule » différence d'organisation exté- » rieure rend ces facultés moins » stériles dans les hommes que » dans les animaux. «

Ces propositions sont fausses, téméraires; Elles outragent l'humanité; Elles avilissent la dignité de l'ame créée à l'image de Dieu, & tendent à détruire la foi de son immortalité; Elles sentent le Matérialisme.

CENSURA.

Istæ propositiones, in quibus affirmatur » sensibilitatem physicam » & memoriam homini & belluæ sic » esse communes, ut, ob nullam » aliam causam anima belluarum » mente humanâ sit inferior, at- » que homo præstet animalibus, » nisi propter diversam quamdam » corporis in exterioribus organis » conformationem; idcirco facul- » tates illas esse ferme in bel- » luis steriles, non verò in homi- » nibus. «

Sunt falsæ, temerariæ, in hominem contumeliosæ, mentis humanæ ad imaginem Dei factæ dignitatem & excellentiam pessumdant, à fide immortalitatis animæ avocant, sapiuntque Materialismum.

X.

L'on a de tout temps & tour à tour soutenu que la matiere sentoit ou ne sentoit pas...... Il ne s'agissoit plus que de savoir si l'étendue, la solidité, l'impénétrabilité étoient les seules propriétés communes à tous les corps; & si la découverte d'une force, telle, par exemple, que l'attraction, ne pouvoit pas faire soupçonner que les corps eussent encore quelques propriétés inconnues, telle que la faculté de sentir, qui, ne se manifestant que dans les

Disc. I. ch. 4. p. 31. & 32.

* E

corps organisés des animaux, pouvoit être cependant commune à tous les individus. La question réduite à ce point, on est alors senti que, s'il est, à la rigueur, impossible de démontrer que tous les corps soient absolument insensibles, tout homme, qui n'est pas, sur ce sujet, éclairé par la révélation, ne peut décider la question qu'en calculant & comparant la probabilité de cette opinion avec la probabilité de l'opinion contraire.

CENSURA.

Hæc propositio, in qua asseritur demonstrari non posse sentiendi facultatem quæ in solis animalium corporibus organo donatis manifestatur, singulis non inesse corporibus tanquam communem eorum proprietatem; & deprehensa, quæ antea ignorabatur, vi attractionis inhærente corporibus, hanc oriri posse suspicionem, inesse corporibus virtutem aliam, facultatem scilicet sentiendi, ac proinde non nisi subductis hinc & inde probabilitatibus quæstionem disjudicari posse.

Falsa est, absurda, auctorem arguit Philosophiâ Neutonianâ temerè & fallaciter abutentem in Religionis ruinam, contra expressam Newtonis & celeberrimorum ejus discipulorum mentem; & simul cum aliis superius damnatis propositionibus conjuncta, completum exhibet Materialismi systema, Religioni perinde ac Societati maximè exitiosum.

CENSURE.

Cette proposition où il est dit, » Qu'on ne peut démontrer que la » faculté de sentir n'est pas une » propriété commune à tous les » corps, quoiqu'elle ne se mani- » feste que dans les corps orga- » nisés des animaux ; Que la dé- » couverte d'une force telle que » l'attraction peut nous faire soup- » çonner que les corps ont encore » quelques propriétés inconnues, » telle que la faculté de sentir ; » Et par conséquent Qu'on ne peut » décider cette question qu'en cal- » culant & comparant la probabi- » lité de cette opinion avec la » probabilité de l'opinion contrai- » re. «

Cette proposition est fausse, absurde ; Elle découvre la témérité & la mauvaise foi de l'Auteur, qui, pour détruire la Religion, abuse de la philosophie de Newton, contre l'intention expresse de ce Philosophe & de ses Disciples les plus célèbres ; Et rapprochée des précédentes déjà condamnées, elle présente aux lecteurs un système complet de Matérialisme également funeste à la Religion & à la Société.

XI.

Peut-être me demandera-t-on si ces deux facultés, (la sensibilité physique & la mémoire) sont des modifications d'une substance spirituelle ou matérielle. Ce que j'ai à dire de l'esprit s'accorde également bien avec l'une & l'autre de ces hypothèses. J'observerai seulement à ce sujet que, si l'Eglise n'eût pas fixé notre croyance sur ce point & qu'on dût, par les seules lumieres de la raison, s'élever jusqu'à la connoissance du principe pensant, on ne pourroit s'empêcher de convenir que nulle opinion en ce genre n'est susceptible de démonstration ; qu'on doit peser les raisons pour & contre, balancer les difficultés, se déterminer en faveur du plus grand nombre de vraisemblances ; & par conséquent ne porter que des jugemens provisoires. Il en seroit, de ce problême, comme d'une infinité d'autres qu'on ne peut résoudre qu'à l'aide du calcul des probabilités.

Disc. I. ch. I, pag. 4. & 5.

XII.

Quelque Stoïcien décidé que fût Sénèque, il n'étoit pas trop assuré de la spiritualité de l'ame. « Votre Lettre, écrit-il à un de ses amis, est arrivée mal-à-propos : lorsque je l'ai reçue, je me promenois délicieusement dans le palais de l'espérance ; je m'y assurois de l'immortalité de mon ame, mon imagination doucement échauffée par les discours de quelques grands hommes, ne doutoit déja plus de cette immortalité qu'ils promettent plus qu'ils ne la prouvent ; déja je commençois à me déplaire à moi-même, je méprisois les restes d'une vie malheureuse, je mouvrois avec délices les portes de l'éternité. Votre Lettre arrive : je me réveille ; & d'un songe si amusant il me reste le regret de le reconnoître pour un songe. »

Ibid. pag. 4. & 5. note (d), relative à la proposition précédente.

XIII.

Une preuve, dit M. Deslandes dans son *Histoire Critique de la Philosophie*, qu'autrefois on ne croyoit ni à l'immortalité, ni à l'immatérialité de l'ame, c'est, que, du temps de Néron, l'on se plaignoit à Rome que la doctrine de l'autre monde, nouvellement introduite, énervoit le

Ibid. même note, p. 5.

E ij

courage des Soldats, les rendoit plus timides, ôtoit la principale consolation des malheureux, & doubloit enfin la mort, en menaçant de nouvelles souffrances après cette vie.

CENSURA.   CENSURE.

Hæ propositiones, quatenus in iis auctor spiritualitatem animæ humanæ exhibet ut dubiam cuilibet ex solo rationis lumine judicanti, suaque principia docet æquè stare, sive anima sit spiritualis sive non sit.

Ces propositions en tant qu'elles » représentent la spiritualité » de l'ame, comme une opinion, » problématique, pour quiconque » n'en juge que par les seu- » les lumieres de la raison, & » qu'elles énoncent que les prin- » cipes de l'Auteur sur l'esprit, » s'accordent également bien avec les deux hypotheses de » l'ame spirituelle ou matérielle. »

Doctrinam offerunt falsam, evidenti rationis judicio contrariam, & dignitati conditionis humanæ derogantem.

Ces propositions sont fausses, contraires aux lumieres évidentes de la raison, & dégradent la nature humaine.

Quatenus autem post indutam fidei catholicæ simulationem, dubiam quoque esse statuit immortalitatem animæ humanæ, ac sub alieno nomine innuit, hanc nihil aliud esse quam somnium evanidum; Hanc in Romano imperio ante religionem Christianam fide prorsus caruisse, recensque invectam, Neronis ætate dogma vitæ futuræ habitum esse noxium Reipublicæ.

Et en tant que l'Auteur dans ces mêmes propositions, après s'être couvert d'un masque de catholicité, » présente le senti- » ment de l'immortalité de l'ame » comme une opinion douteuse; » Y insinue sous un nom étranger » que cette immortalité n'est qu'un » songe; Qu'avant la naissance de » la Religion Chrétienne, cette » croyance n'avoit point eu de » sectateurs dans l'Empire Ro- » main; Que le dogme d'une vie » future nouvellement introduit, fut envisagé, sous le regne de » Néron, comme contraire aux intérêts de la République. «

Doctrinam continent falsam, scandalosam, à persuasione perpetuâ omnium populorum, à sententiis clarissimorum inter Ethnicos philosophorum abhorrentem, virtutis incitamenta tollentem, laxantem fræna vitiis; Dei sapientiæ, bonitati, justitiæ inju-

Ces propositions contiennent une doctrine fausse, scandaleuse, qui contredit la croyance universelle de tous les lieux & de tous les temps; opposée aux sentimens des Philosophes les plus célebres de l'antiquité payenne; Doctrine qui ôte à la vertu ses motifs les plus puissans & lâche la bride à tous les vices; Qui est également injurieuse à la sagesse, à la bonté & à la justice de Dieu; Qui détruit les principes de la Religion Naturelle, & qui n'a été imaginée que pour rendre odieuse la Religion Chrétienne. A l'égard de ce que l'Auteur avance sous le nom de Séneque, & de ce qu'il attribue au Peuple Romain; on n'y voit que des imputations fausses & de la mauvaise foi; ou du moins ignorance grossiere de l'histoire Romaine, & une méprise dans le sens qu'il donne au passage de la lettre du Philosophe qu'il cite avec complaisance. (*a*)

riosam, religionis naturalis inimicam, in odium religionis christianæ prolatam. Quod autem attinet ad ea quæ Senecæ & populo Romano in iisdem propositionibus adscribuntur; hæc calumniosè dicta, produnt auctorem malâ fide egisse, aut certè Romanæ historiæ ignarum, & in interpretandâ, quam dolosè ostentat, Senecæ epistolâ fuisse hallucinatum. (a)

XIV.

Que seroit-ce .... que la liberté? On ne pourroit entendre, par ce mot, que le pouvoir libre de vouloir, ou de ne pas vouloir une chose; mais ce pouvoir supposeroit qu'il peut y avoir des volontés sans motifs, & par conséquent des effets sans cause. Du moins (dira-t-on) sommes-nous libres sur le choix des moyens que nous employons pour nous rendre heureux? Oui, répondrai-je: mais *libre* n'est alors qu'un synonyme d'*éclairé*..... Il faut que toutes nos pensées & nos volontés soient des effets immédiats ou des suites nécessaires des impressions que nous avons reçues. On ne peut donc se former aucune idée de ce mot de *liberté* appliqué à la volonté; il faut la considérer comme

Disc. I. ch. 4.
p. 36.

Ibid. p. 37.

Ibid. p. 38.

(*a*) Quand le jour sera venu, qui séparera l'humain d'avec le divin, je laisserai ce corps où je l'ai trouvé: & je me rendrai avec les Dieux. Ce n'est pas que je sois maintenant sans eux, je suis seulement retenu par une masse pesante & terrestre. Le séjour qu'on fait dans cette vie mortelle, n'est qu'une préparation à une meilleure & plus longue vie. ... Ce jour, que vous craignez comme s'il étoit le dernier de votre vie, est celui de votre naissance pour l'éternité. Traduct. de Séneque par Duryer.

(a) *Cùm venerit dies illa quæ mixtum hoc divini humanique secernat, corpus hoc ubi inveni relinquam: ipse me Diis reddam. Nec nunc sine illis sum; sed gravi terrenoque detineor. Per has mortalis ævi moras, illi meliori vitæ longioriquæ præluditur. Dies iste quem tanquam extremum reformidas æterni natalis est.* Senec. Epist. 102. lege totam Epistolam.

un mystère; s'écrier avec Saint Paul, *O altitudo!* convenir que la Théologie seule peut discourir sur une pareille matière, & qu'un traité Philosophique de la liberté ne seroit qu'un traité des effets sans cause.

XV.

Ibid. page 37. note (b), relative à la proposition précédente.

Il est encore des gens qui regardent la suspension d'esprit comme une preuve de la liberté; ils ne s'apperçoivent pas que la suspension est aussi nécessaire que la précipitation dans les jugemens: lorsque, faute d'examen, l'on s'est exposé à quelque malheur, instruit par l'infortune, l'amour de soi doit nous nécessiter à la suspension. On se trompe pareillement sur le mot de *délibération*: nous croyons délibérer lorsque nous avons, par exemple, à choisir entre deux plaisirs à peu près égaux & presque en équilibre; cependant, l'on ne fait alors que prendre pour délibération la lenteur avec laquelle, entre deux poids, à peu près égaux, le plus pesant emporte un des bassins de la balance.

CENSURA.

Hæ propositiones, in quibus asseritur " homines neque in iis, " quæ ad felicitatem ducunt, eligendis, neque in suspendendo intellectus assensu, neque in instituenda ulla deliberatione liberos esse; Deliberationem verò " instar esse tarditatis quâ, ex " duobus ponderibus fermè æqualibus, magis grave in staterâ " minus gravi præponderat; Quidquid autem vel cogitamus, vel " volumus, id ex impressionibus " indeliberatè acceptis aut oriri aut " necessariò sequi; Nec minus ineptam fore apud Philosophos de " libertate, quàm de effectibus " causâ carentibus, disputationem " Libertatemque spectandam esse " tanquam mysterium, cujus occasione exclamandum sit cum Apos-

CENSURE.

Ces propositions où l'on soutient " Que les hommes ne sont " libres, ni dans le choix des " moyens qu'ils peuvent employer " pour se rendre heureux, ni dans " la suspension des jugemens de " l'esprit ; Que lorsqu'on croit délibérer, on ne fait alors que " prendre pour délibération la " lenteur avec laquelle, entre " deux poids à peu près égaux, " le plus pesant emporte un des " bassins de la balance ; Que toutes nos pensées & tous les actes " de notre volonté sont, ou des " effets immédiats, ou des suites " nécessaires des impressions involontaires que nous avons reçues ; Qu'un traité philosophique de la liberté seroit une production aussi ridicule qu'un trai-

» té des effets sans cause ; Qu'il » faut considérer la liberté comme un mystere, & s'écrier avec » Saint Paul, ô altitudo ! Que la » Théologie seule peut discourir sur une pareille matiere. «

» tolo, ô altitudo ! ideoque talem » disquisitionem ad Theologos solos » colligandam. «

Ces propositions (hérétiques en elles-mêmes), répugnent au sens intime que nous avons de notre liberté ; Elles sont injurieuses aux Philosophes, aux Théologiens, à l'écriture Sainte, & sur-tout à l'Apôtre Saint Paul ; Elles sont impies ; Elles anéantissent le mérite & le démérite des actions ; Elles détruisent toute différence entre les crimes même les plus énormes & les maux physiques qui ont une cause nécessaire ; Elles établissent le fatalisme ; Elles ruinent toute législation morale, & par conséquent celle de Dieu même qui suppose évidemment une vraie liberté dans l'homme ; Elles ne laissent aucun lieu à la manifestation de la sainteté & de la justice Divine ; Elles sappent & renversent ouvertement & d'un même coup tous les principes de la morale Chrétienne & de la probité naturelle.

Hæ propositiones (in se hæreticæ) intimæ naturæ sensibus repugnant, Philosophis, Theologis, Scripturæ sacræ, præsertim Apostolo injuriosæ sunt, impiæ, meritum omne & demeritum auferunt, tollunt essentiale inter scelera vel immanissima & mala physica ex causis necessariis fluentia discrimen, fatalismum inducunt, omnem legislationem moralem, ipsam proinde divinam, quæ homines verâ libertate præditos evidenter arguit, repudiant, nullum sanctitati & justitiæ Dei locum relinquunt, totiusque Ethicæ christianæ & probitatis moralis fundamenta uno eodemque ictu subruere conituntur.

SUR LA MORALE.

I.

SI la Poësie, la Géometrie, l'Astronomie, & généralement toutes les sciences tendent plus ou moins rapidement à leur perfection, lorsque la Morale semble à peine sortir du berceau ; c'est que les hommes, forcés, en se rassemblant en société, de se donner & des loix & des mœurs, ont dû se faire un systême de Morale avant que l'observation leur en eût découvert les vrais principes. Le systême fait, l'on a cessé d'observer : aussi nous n'avons, pour ainsi dire, que la Morale de l'enfance du monde.

Disc. II. ch. 1.
p. 222.

(40)
II.

Disc. II. ch. 23.
pag. 223. 224.
225. & 226.

Quels ennemis de l'humanité, dira-t-on, s'opposent encore aux progrès de la Morale? Ce ne sont plus les Rois, mais deux autres espéces d'hommes puissans. Les premiers sont les fanatiques, & je ne les confonds point avec les hommes vraiment pieux : ceux-ci sont les soutiens des maximes de la Religion; ceux-là en sont les destructeurs : ... indifférens aux actions honnêtes, ils se jugent vertueux, non sur ce qu'ils font, mais seulement sur ce qu'ils croient; la crédulité des hommes est, selon eux, l'unique mesure de leur probité : ..... ambitieux, hypocrites & discrets, ils sentent que, pour s'asservir les peuples, ils doivent les aveugler : aussi ces impies crient-ils sans cesse à l'impiété, contre tout homme né pour éclairer les Nations ; toute vérité nouvelle leur est suspecte ; ils ressemblent aux enfans que tout effraye dans les ténebres. La seconde espéce d'hommes puissans, qui s'opposent aux progrès de la Morale, sont les demi-politiques. Entre ceux-ci, il en est qui, naturellement portés au vrai, ne sont ennemis des vérités nouvelles, que parce qu'ils sont paresseux, & qu'ils voudroient se soustraire à la fatigue d'attention nécessaire pour les examiner. Il en est d'autres qu'animent des motifs dangereux, & ceux-ci sont les plus à craindre; ce sont des hommes dont l'esprit est dépourvu de talens & l'ame de vertus ; auxquels, pour être de grands scélérats, il ne manque que du courage : incapables de vues élevées & neuves, ces derniers croient que leur considération tient au respect imbécille où feint qu'ils affichent pour toutes les opinions & les erreurs reçues : furieux contre tout homme qui veut en ébranler l'Empire, ils arment contre lui les passions & les préjugés même qu'ils méprisent & ne cessent d'effaroucher les foibles esprits par le mot de *nouveauté*. ..... Ils veulent qu'on tienne les Peuples prosternés devant les préjugés reçus, comme devant les Crocodiles sacrés de Memphis.

III.

Disc. II. ch. 24.
p. 228.

Il suffit, pour cet effet, (*pour perfectionner la Morale*) de lever les obstacles que mettent à ses progrès les deux espèces espéces d'hommes que j'ai cités. L'unique moyen d'y réussir est de les démasquer; de montrer dans les protecteurs de l'ignorance, les plus cruels ennemis de l'humanité.

IV.

Si l'examen (*des*) idées, propres à rendre les hommes vertueux, nous est interdit par les deux espéces d'hommes puissans, cités ci-dessus, l'unique moyen de hâter les progrès de la Morale seroit donc, comme je l'ai dit plus haut, de faire voir, dans ces protecteurs de la stupidité, les plus cruels ennemis de l'humanité; de leur arracher le sceptre qu'ils tiennent de l'ignorance, & dont ils se servent pour commander aux Peuples abrutis.

Disc. II. ch. 14. pag. 238. & 239.

V.

Pourquoi le nom des Descartes, des Newton est-il plus célebre que ceux des Nicole, des La Bruyere & de tous les Moralistes, qui peut-être ont, dans leurs ouvrages, fait preuve d'autant d'esprit? C'est, répondrai-je, que les grands Physiciens ont, par leurs découvertes, quelquefois servi l'univers; & que la plûpart des Moralistes n'ont été, jusqu'à présent, d'aucun secours à l'humanité . . . . . . Pour mériter l'estime, les Moralistes devoient employer à la recherche des moyens propres à former des hommes braves & vertueux, le temps & l'esprit qu'ils ont perdu à composer des maximes sur la vertu.

Disc. II. ch. 25. pag. 219. & 220.

VI.

Les principes que j'établis sur cette matiere sont, je pense, conformes à l'intérêt général & à l'expérience. C'est par les faits que j'ai remonté aux causes. J'ai cru qu'on devoit traiter la Morale comme toutes les autres sciences, & faire une Morale comme une Physique expérimentale.

Préface; pag. 1. & 2.

En Morale, ainsi qu'en Physique, c'est toujours sur des faits qu'il faut établir ses opinions.

Disc. III. ch. 5. p. 296.

VII.

Plus de connoissance du mal doit donner aux Moralistes plus d'habileté pour la cure. Ils pourront considérer la Mo-

Disc. II. ch. 14. p. 154.

rale d'un point de vue nouveau, & d'une science vaine, faire une science utile à l'univers.

CENSURA.

Illæ propositiones, quibus » *morum disciplina quæ, ab origine* » *mundi usque in hodiernam diem* » *apud omnes populos quoad præ-* » *pua capita obtinuit, eaque ipsa* » *quam nationes Christianæ tan-* » *quam divinitus traditam tenent,* » *traducitur ut scientia vana &* » *inutilis, a primis hominibus qui* » *in societatem convenerunt mo-* » *resque sibi finxerunt, temerè con-* » *dita, ita ut etiamnum in incu-* » *nabulis vagiat infantia obvolu-* » *ta fasciis; Et quicumque hac-* » *tenus explicandis hominum offi-* » *ciis operam dederunt, humano* » *generi dicuntur nihil opis attu-* » *lisse; Novaque statuitur intro-* » *ducenda Ethica experimentalis,* » *quæ factis tantummodo nitatur* » *& à gestis perditorum hominum,* » *ut ex allatis ab auctore exem-* » *plis patet, deputetur; Qui verò* » *novæ hujus Ethicæ introductioni* » *obsistentes, doctrinam illi op-* » *positam (adeòque christianam)* » *volunt retineri, exhibentur ut* » *impii, fanatici, insigniter im-* » *probi, generis humani hostes in-* » *fensissimi, stupiditatis fautores,* » *sceptrum ignorantiæ tenentes,* » *quo populis hebetibus imperent,* » *& tales apertè infamandi.* «

Sunt falsæ, absurdæ; Actiones humanas quæ ad regulam morum

CENSURE.

Ces propositions, selon lesquel- » les, » la morale reçue chez tous » les peuples, quant aux premiers » principes, depuis le commence- » ment du monde jusqu'à ce jour, » & même la morale divine que » professent les nations chrétien- » nes, n'est qu'une science frivo- » le & inutile, établie au hasard » par les premiers hommes qui » s'unirent en société, & se don- » nerent des mœurs, avant que » l'observation leur en eût dé- » couvert les vrais principes, en » sorte que la morale est encore » à peine sortie du Berceau, & que » nous n'avons que la morale in- » forme de l'enfance du monde; » Selon lesquelles les moralistes » ont jusqu'à présent perdu leur » temps à composer des maximes » sur la vertu, & n'ont été d'au- » cun secours à l'humanité; Selon » lesquelles il faut introduire une » nouvelle morale, une morale » expérimentale, fondée unique- » ment sur les faits & déduite des » actions des hommes corrompus » & livrés à leurs passions, com- » me le montrent les exemples » que l'auteur rapporte dans son » livre; Selon lesquelles enfin ceux » qui s'opposent à cette nouvelle » morale & veulent qu'on retien- » ne celle qui lui est contraire, & par conséquent la morale Chrétienne, » doivent être diffamés comme des impies, des fanatiques, des scélé- » rats, comme les plus cruels ennemis de l'humanité, les protecteurs » de la stupidité, qui tiennent le sceptre de l'ignorance pour commander » aux Peuples abrutis. «

Ces propositions sont fausses & absurdes; Elles renversent l'ordre des choses, en fondant la regle des mœurs sur les actions des hommes mêmes corrompus, au lieu que les actions humaines doivent être conformes aux regles des mœurs; Elles dégradent avec impiété la Providence du Créateur, en tant qu'elles supposent les premiers hommes abandonnés à eux-mêmes sans aucune loi; Elles insultent sans pudeur des hommes illustres qui dans tous les siécles ont très-bien mérités de l'humanité, elles insultent même tout le genre humain; Elles outragent les Ministres de l'Eglise & les Magistrats Chrétiens; Elles sont blasphematoires contre les Prophetes & les Apôtres, & contre Jesus-Christ lui-même; Elles sont pleines de fureur & d'extravagance.

sunt componendæ; pro morum regulâ perversè constituunt; Dei creatoris providentiæ, quatenus primos homines sine lege sibi relictos fingunt, impiè detrahunt; In homines de genere humano optimè meritos, & in ipsum genus humanum impudenter sunt contumeliosæ; Ministris Ecclesiæ & Magistratibus christianis procaciter injuriosæ; In Dei Prophetas, in Apostolos, & in ipsum Christum blasphemæ; Furoris & dementiæ plenæ.

V I I.

Il semble que, dans l'univers moral comme dans l'univers physique, Dieu n'ait mis qu'un seul principe dans tout ce qui a été. Ce qui est, & ce qui sera, n'est qu'un développement nécessaire. Il a dit à la matiere: Je te doue de la force. Aussi-tôt les élémens, soumis aux loix du mouvement, mais errans & confondus dans les déserts de l'espace, ont formé mille assemblages monstrueux, ont produit mille cahos divers, jusqu'à ce qu'enfin ils se soient placés dans l'équilibre & l'ordre physique dans lequel on suppose maintenant l'univers rangé. Il semble qu'il ait dit pareillement à l'homme: Je te doue de la sensibilité; c'est par elle qu'aveugle instrument de mes volontés, incapable de connoître la profondeur de mes vues, tu dois, sans le savoir, remplir tous mes desseins. Je te mets sous la garde du plaisir & de la douleur: l'un & l'autre veilleront à tes pensées, à tes actions; engendreront tes passions; exciteront tes aversions, tes amitiés, tes tendresses, tes fureurs; allumeront tes desirs, tes craintes, tes espérances; te dévoileront des vérités; te plongeront dans des erreurs; &, après t'avoir fait enfanter mille systêmes absurdes & différens de morale & de législation, te découvriront un

Disc. III. ch. 5. p. 322.

F ij

jour les principes simples, au dévelopement desquels est attaché l'ordre & le bonheur du monde moral.

CENSURA.

Hæc propositio in quâ perhibetur » præsentem mundi corporei » ordinem, ex solâ vi mate- » riæ primum inditâ, post irre- » gulares concretiones innumeras, » tandem prodiisse ; Parique ra- » tione, in mundo morali om- » nia quæ contingunt, videri » ex unico etiam exoriri princi- » pio, nempè sensibilitate physi- » câ, quâ, solâ impellente, homi- » nes ad implenda Dei consilia » cæco impetu aguntur ; Futurum- » que esse ut, voluptatis & doloris » custodiæ commissi, postquam fue- » rint diu & temerè errorum, pas- » sionum & furorum omnium lu- » dibrio jactati, postquam multa » & absurda tum de moribus, tum » de legibus effuderint, incidant » aliquando in vera & simplicia » tum Ethices, tum Legislationis » principia, ex quibus evolutis, » pendent ordo & mundi moralis » felicitas.

Est falsa, absurda ; Mundi genesim temerè deformat, & magnâ ex parte Deo abjudicat systemate atheis acceptissimo, eoque vanissimo ; Mundum moralem & totam actionum humanarum seriem necessitati & fatalismo subjicit ; Deumque ipsum omnium errorum, scelerum, furorum auctorem apertè declarat, proindeque impiè & cum blasphemiâ Providentiam Dei moralem prorsus tollit ; omne atheisticæ impietatis virus, quantum

CENSURE.

Cette proposition, où il est dit que » l'ordre dans lequel on sup- » pose à présent l'univers physi- » que s'est formé enfin, après mil- » le assemblages monstrueux des » élémens, par la seule force im- » primée d'abord à la matière ; » Que de même dans l'univers » moral il paroît qu'il n'y a qu'un » principe de tout ce qui s'y fait, » sçavoir la sensibilité physique, » par laquelle l'homme, aveugle » instrument des volontés de Dieu, » remplit, sans le sçavoir, tous » ses desseins ; Que les hom- » mes mis sous la garde du plai- » sir & de la douleur, après avoir » été le jouet de mille passions & » de mille fureurs, & avoir en- » fanté mille systêmes absurdes & » différens de Morale & de Lé- » gislation, doivent découvrir un » jour les principes simples, au » dévelopement desquels est atta- » ché l'ordre & le bonheur du » Monde moral.

Cette proposition est fausse & absurde ; Elle présente sur la formation du Monde physique un systême insensé, qui en enleve à Dieu la partie où éclatte le plus sa sagesse, & qui ne peut plaire qu'aux athées ; Elle soumet à la nécessité & au fatalisme le Monde morale & toute la suite des actions humaines, & rend manifestement Dieu auteur de toutes les erreurs, de tous les crimes & de toutes les fureurs des hommes ; Elle rejette par conséquent avec impiété & blasphême la Providence de Dieu dans l'ordre moral, & contient, quant aux mœurs, tout le venin de l'Athéisme.

spectat ad mores, continet.

En tant que cette même proposition fait entendre que » du développement des principes expliqués dans l'ouvrage, résultera l'ordre & le bonheur de l'univers moral; « Elle montre l'orgueil incroyable & la folle présomption de l'Auteur, qui ose préférer ses idées à la sagesse de tout le genre humain, & même à la legislation Divine.

Quatenus autem eadem propositio innuit, » principia in opere tradita, illa ipsa esse, ex quorum » evolutione tandem efflorescet felix mundi moralis status: « Incredibilem auctoris vanitatem & arrogantiam arguit, quâ, universi generis humani sapientiæ & ipsius Dei Legislationi novam suam Ethicam audet anteferre.

IX.

La douleur & le plaisir des sens font agir & penser les hommes, & sont les seuls contrepoids qui meuvent le monde moral.

Disc. III. ch. 15. p. 366.

X.

L'homme n'étant, par sa nature, sensible qu'aux plaisirs des sens, ces plaisirs, par conséquent, sont l'unique objet de ses desirs.

Disc. III. ch. 10. p. 326.

XI.

Il faut.... découvrir aux Nations les vrais principes de la Morale; leur apprendre qu'insensiblement entraînées vers le bonheur apparent ou réel, la douleur & le plaisir sont les seuls moteurs de l'univers moral; & que le sentiment de l'amour de soi est la seule base sur laquelle on puisse jetter les fondemens d'une morale utile.

Disc. II. ch. 24. p. 230.

XII.

C'est uniquement à la maniere différente dont l'intérêt personnel se modifie, que l'on doit ses vices & ses vertus.

Disc. II. ch. 5. p. 52.

Le vulgaire restraint communément la signification de ce mot *intérêt* au seul amour de l'argent.... je prends ce mot dans un sens plus étendu.... je l'applique généralement à tout ce qui peut nous procurer des plaisirs, ou nous soustraire à des peines.

Disc. II. ch. 10. note (b), p. 46.

XIII.

Disc. II. ch. 5. p. 73.

Quel autre motif (*que l'intérêt personnel*) pourroit déterminer un homme à des actions généreuses? Il lui est aussi impossible d'aimer le bien, pour le bien que d'aimer le mal pour le mal.

XIV.

Disc. II. ch. 5. note (*a*), p. 73.

Les hommes ne sont point méchans, mais soumis à leurs intérêts. Les cris des Moralistes ne changeront certainement pas ce ressort de l'univers moral. Ce n'est donc point de la méchanceté des hommes dont il faut se plaindre.

CENSURA.

Hæ propositiones in quibus asseritur » in voluptate & dolore sensibili posita esse principia & causas omnium affectionum motuumque animi humani; Nec ullo alio desiderio quàm voluptatis corporeæ homines inclinari posse; Ex his duobus, voluptate & dolore, ita fluere omnes actus humanos, ut aliundè exoriri nequeant actiones generosæ, nec magis potis sit homo amare bonum propter bonum, quàm malum propter malum; Homines, quidquid agant, non esse malos nec vituperandos, sed tantum commodis suis mancipatos; Voluptatis & doloris sensu, tanquàm unico cardine, volvi totum mundum moralem; Adeoque amore sui ad sola sensibilia inclinabili, quasi unico fundamento, omnem superstruendam morum institutionem. »

„qu'ainsi le sentiment de l'amour de soi, c'est-à-dire, de la pente „aux plaisirs des sens, est la seule base sur laquelle on puisse fonder „une morale utile. "

Sunt falsæ, intimos decori &

CENSURE.

Ces propositions, dans lesquelles on assure que » le plaisir & la douleur des sens sont le principe de toutes les affections, de tous les mouvemens de l'esprit humain, & le seul objet des desirs des hommes; Que ces deux impressions (le plaisir & la douleur des sens) sont tellement la cause de toutes les actions humaines qu'il n'est point d'autre motif qui puisse déterminer les hommes à des actions généreuses, & qu'il leur est aussi impossible d'aimer le bien pour le bien, que d'aimer le mal pour le mal; Que les hommes, quoiqu'ils fassent, ne sont point méchans, mais seulement soumis à leurs intérêts, & que ce n'est pas de leur méchanceté qu'il faut se plaindre; Que le plaisir & la douleur des sens sont les seuls moteurs, les seuls contrepoids, les seuls ressorts de l'univers moral; Et

Ces propositions sont fausses,

Elles éteignent le sentiment intime du beau & de l'honnête ; Elles étouffent dans les hommes la bienveillance mutuelle que la nature leur inspire, & toutes les affections de bonté, de reconnoissance, d'équité, de compassion, de déférence, en un mot d'humanité, qui sont en eux le germe des vertus morales & les liens de l'union & de la paix ; Elles ne leur laissent pour principe de leurs actions que la cupidité, source des divisions & de tous les vices ; Elles détruisent la volonté, cette faculté à laquelle il appartient de modérer l'appétit sensitif, & par-là elles rabbaissent l'homme à la condition des bêtes, l'homme né pour Dieu, & capable des biens spirituels ; Elles renversent, dans les premiers principes, tous les devoirs de la société civile & de la Religion.

honesti sensus enecant; Innatam hominibus erga sese invicem benevolentiam, omnes bonitatis, gratitudinis, æquitatis, miserationis, obsequentiæ, denique humanitatis affectus præsocant; qui virtutum moralium semina sunt & necessitudinis ac pacis humanæ vincula ; Solam relinquunt cupiditatem dissidiorum omniumque vitiorum fontem ; Sublatâque vi voluntatis, cujus est sensitivum appetitum frænare, hominem Deo natum & spiritualium capacem ad conditionem Belluarum dejiciunt ; Et omnia societatis & Religionis officia in ipsis primis elementis pervertunt.

XV.

La vertu n'est que le désir du bonheur des hommes.... je regarde (*la probité*) comme la vertu mise en action.   Disc. II. ch. 13. pag. 140. & 141.

Je considérerai la probité .... relativement, 1°. à un particulier, 2°. à une petite société, 3°. à une nation, 4°. aux différens siècles & aux différens pays, 5°. à l'univers entier : & prenant toujours l'expérience pour guide dans mes recherches, je montrerai que, sous chacun de ces points de vue, l'intérêt est l'unique juge de la probité.   Disc. II. ch. 1. pag. 47. & 48.

XVI.

Je me crois en droit de conclurre que l'intérêt personnel est l'unique & universel appréciateur du mérite des actions des hommes ; & qu'ainsi la probité, par rapport à un particulier, n'est..... que l'habitude des actions personnellement utiles à ce particulier.   Disc. II. ch. 2. p. 54.

XVII.

La probité, (par rapport à une société particuliere,) n'est que l'habitude plus ou moins grande des actions particulierement utiles à cette petite société.   Disc. II. ch. 4. p. 73.

XVIII.

Difc. II. ch. 11.
p. 119.

Ce n'eſt plus de la probité par rapport à un particulier ou une petite ſociété, mais de la vraie probité, de la probité conſidérée par rapport au Public, dont il s'agit.... Cette eſpece de probité eſt la ſeule qui réellement en mérite & qui en obtienne généralement le nom.

XIX.

Difc. II. ch. 6.
pag. 81. & 82.

Qu'importe au Public la probité d'un particulier? Cette probité ne lui eſt de preſqu'aucune utilité.

XX.

Difc. II. ch. 13.
pag. 133. & 134.

Dans tous les ſiécles & les pays divers, la probité ne peut être que l'habitude des actions utiles à ſa Nation. Quelque certaine que ſoit cette propoſition, pour en faire ſentir plus évidemment la vérité, je tâcherai de donner des idées nettes & préciſes de la vertu..... le bien public eſt l'objet de la vertu..... les actions qu'elle commande ſont les moyens dont elle ſe ſert pour remplir cet objet. (& un peu plus haut *l'Auteur* a dit en rapportant les opinions des *Philoſophes ſur la vertu*) Ils auroient ſentis que les ſiécles doivent néceſſairement amener, dans le phyſique & le moral, des révolutions qui changent la face des Empires; que, dans les grands bouleverſemens, les intérêts d'un Peuple éprouvent toujours de grands changemens; que les mêmes actions peuvent lui devenir ſucceſſivement utiles & nuiſibles, & par conſéquent prendre tour-à-tour le nom de vertueuſes & de vicieuſes.

XXI.

Difc. II. ch. 17.
p. 168.

On pourroit, ſi j'oſe le dire, compoſer un Catéchiſme de probité, dont les maximes ſimples, vraies, & à la portée de tous les eſprits, apprendroient aux Peuples que la vertu, invariable dans l'objet qu'elle ſe propoſe, ne l'eſt point dans les moyens propres à remplir cet objet; qu'on doit, par conſéquent, regarder les actions comme indifférentes en elles-mêmes; ſentir que c'eſt au beſoin de l'État à déterminer celles qui ſont dignes d'eſtime ou de mépris; & enfin au Légiſlateur, par la connoiſſance qu'il doit avoir

de

de l'intérêt public, à fixer l'instant où chaque action cesse d'être vertueuse & devient vicieuse. Ces principes une fois reçus, avec quelle facilité le Législateur éteindroit-il les torches du fanatisme & de la superstition, supprimeroit-il les abus, réformeroit-il les coûtumes barbares, qui, peut-être utiles lors de leur établissement, sont devenues depuis si funestes à l'univers ?

XXII.

L'on ne peut rendre (*les hommes*) vertueux, qu'en unis- Disc. II. ch. 15. sant l'intérêt personnel à l'intérêt général. Ce principe posé, p. 161. il est évident que la Morale n'est qu'une science frivole, si l'on ne la confond avec la politique & la législation.

XXIII.

Cette utilité (*publique*) est le principe de toutes les ver- Disc. II. ch. 6. tus humaines..... c'est ...... à ce principe qu'il faut sa- pag. 80, & 81. crifier tous ses sentimens, jusqu'au sentiment même de l'humanité...... tout devient légitime & même vertueux pour le salut public.

XXIV.

S'il existoit une probité par rapport à l'univers, cette Disc. II. ch. 15. probité ne seroit que l'habitude des actions utiles à toutes pag. 240. & 241. les Nations : or il n'est point d'action qui puisse immédiatement influer sur le bonheur ou le malheur de tous les Peuples..... il n'est donc point de probité pratique par rapport à l'univers. A l'égard de la probité d'intention, qui se réduiroit au desir constant & habituel du bonheur des hommes ...... je dis que cette espéce de probité n'est encore qu'une chimére Platonicienne...... d'où je conclus qu'il ne peut y avoir de probité pratique, ni même de probité d'intention, par rapport à l'univers.

XXV.

De tous les intérêts des particuliers, se forma un intérêt Disc. III. ch. 4. commun, qui dut donner aux différentes actions les noms p. 276. de justes, de permises & d'injustes, selon qu'elles étoient utiles, indifférentes ou nuisibles aux sociétés. Une fois parvenu à cette vérité, je découvre facilement la source des vertus humaines : je vois que, sans la sensibilité à la douleur & au plaisir physique, les hommes, sans desirs, sans passions, également indifférens à tout, n'eussent point connu d'intérêt personnel ; que sans intérêt personnel, ils ne se fussent point rassemblés en société, n'eussent point fait entr'eux de conventions, qu'il n'y eût point eu d'intérêt général, par conséquent point d'actions justes ou injustes ; & qu'ainsi la sensibilité physique & l'intérêt personnel ont été les auteurs de toute justice.

CENSURA.

Hæ propositiones in quibus asseritur „ hominem ex solo suo „ commodo personali actionum „ omnium pretium unicè æstimare, „ & ex hoc uno quemlibet metiri „ alterius virtutem & probita- „ tem ; Eodemque modo à soda- „ litatibus & à civitatibus pro- „ bitatem disjudicari ; Civitatis „ nihil aut ferè nihil interesse „ civium erga sese invicem pro- „ bitatem ; civilis verò probitatis „ quæ sola vera probitas est, & vir- „ tutis nomen promeretur & apud „ omnes obtinet, finem & objec- „ tum communem nempe utilita- „ tem, fixum quiddam esse & im- „ motum at media in hunc fi- „ nem, actiones videlicet humanas, „ commutabilia esse ; Omnes ergo „ actiones in se moraliter indiffe- „ rentes, ex diverso civitatis sta- „ tu, nunc utiles, nunc noxias, ex „ turpibus honestas ; & ex honestis „ turpes evadere; ideoque munus esse „ legislatoris, ut punctum temporis „ observet & figat, quo unaquæque „ actio prius honesta in vitiosam, „ & prius vitiosa in honestam con- „ vertatur. Moralem disciplinam „ frivolum quid esse nisi, cum le- „ gislatione confundatur ; Utilita-

CENSURE.

Ces propositions dans lesquelles on enseigne que „ l'intérêt personnel, c'est-à-dire, selon l'Auteur, tout ce qui peut nous pro- „ curer les plaisirs des sens, ou „ nous soustraire à des peines, est „ l'unique & universel apprécia- „ teur du mérite des actions des „ hommes ; Que la probité d'au- „ trui, par rapport à un particu- „ lier, n'est que l'habitude des „ actions personnellement utiles à „ ce particulier ; Qu'il en est de „ même des sociétés particulieres „ & des nations, qui n'appellent „ probité que l'habitude plus ou „ moins grande des actions qui „ leur sont utiles ; Que la probité „ d'un particulier à l'égard d'un „ autre particulier, n'est que très- „ peu, ou même point du tout „ intéressante pour le Public ; Que „ la probité, par rapport à une „ nation, est la seule vraie pro- „ bité, la seule vraie vertu, la „ seule probité qui réellement en „ mérite & en obtienne générale- „ ment le nom ; Que cette vertu „ invariable dans l'objet qu'elle „ se propose, sçavoir l'utilité pu- „ blique, ne l'est point dans les „ moyens propres à remplir cet

» objet ; Qu'ainsi l'on doit regar-
» der les actions comme indiffé-
» rentes en elles-mêmes ; qu'elles
» deviennent successivement uti-
» les ou nuisibles selon les divers
» changemens qui arrivent dans
» les états, & prennent, par con-
» séquent, tour à tour, le nom
» de vertueuses & de vicieuses ;
» Que c'est au législateur, par la
» connoissance qu'il doit avoir de
» l'intérêt public, à fixer l'instant,
» où chaque action cesse d'être
» vertueuse & devient vicieuse.
» Qu'il est évident que la morale
» n'est qu'une science frivole, si
» l'on ne la confond avec la politi-
» que & la législation ; Qu'il faut
» sacrifier (à l'intérêt public)
» tous ses sentimens, jusqu'au
» sentiment même de l'humanité ;
» Que tout devient légitime &
» même vertueux pour cette fin ;
» Qu'il ne peut y avoir de probité
» à l'égard de l'univers, puisqu'il n'est point d'action qui puisse
» influer immédiatement sur le bonheur de tous les peuples ;
» Qu'on doit donc reconnoître que de la sensibilité physique est
» né l'intérêt personnel, qu'ensuite l'intérêt personnel produisit les
» sociétés politiques & les conventions, que des sociétés politiques
» & des conventions a pris naissance l'intérêt commun ou national,
» qui dut donner aux différentes actions les noms de justes, de
» permises & d'injustes, selon qu'elles étoient utiles, indifférentes
» ou nuisibles aux sociétés, & que par conséquent la sensibilité physi-
» que & l'intérêt personnel sont les Auteurs de toute vertu & de toute
» justice. "

» ti civili sic serviendum, ut
» ipsâ exigente, omnes affectio-
» nes naturales, ipsummet qui
» dicitur humanitatis sensum ex-
» uere parati simus ; Nullam exi-
» stere posse erga universum genus
» humanum probitatem, cùm nul-
» la possint esse actiones omnibus
» practicè utiles ; sicque demùm
» demonstrari ex sensibilitate phy-
» sicâ oriri primùm commodum
» personale, deinde ex studio
» commodi personalis ortas esse
» societates, à societatibus poli-
» ticis & conventionibus civili-
» bus ortum esse commodum na-
» tionale, quod quidem originem
» præbuit nominibus justi & in-
» justi, honesti & turpis ; Conse-
» quenter omnem justitiam & ho-
» nestatem ad sensibilitatem phy-
» sicam tanquam ad fontem esse
» referendas. "

Ces propositions sont fausses, absurdes, contraires aux plus nobles inclinations de l'ame & aux
plus claires notions de l'esprit ;
Elles détruisent toute différence
entre le bien & le mal moral,
différence fondée dans la nature
même des choses & confirmée
par la révélation divine ; Elles
enlevent à l'homme tous les mo-

Sunt falsæ, absurdæ ; Claris-
simis mentis notionibus & gene-
rosissimis animi affectibus contrariæ ; Boni & mali moralis discrimen, in immutabilibus rerum
essentiis positum & revelatione
divinâ comprobatum, tollunt ;
Vim omnem, Sensus moralis,
Rationis, & Religionis, contra
cupiditates, obtundunt. Ad om-

G ij

nem pravitatem occultam, ad omnia scelera clanculùm perpetranda invitant, imò ad omnia facinora, vi aut dolo, in privatos quosque & in ipsam Rempublicam apertè admittenda, quotiescumque spes affulgebit optata consequendi & pœnas civiles declinandi; Ac proinde sunt privatis & societatibus exitiales, Juris omnis, Naturalis & Divini, destructivæ, impiæ, nefariæ, blasphemæ.

tifs réprimans que le sens moral, la raison & la religion lui fournissent; Elles l'invitent à se livrer en secret à toute sorte de scélératesse, à commettre clandestinement toute sorte de crimes, & même à se porter ouvertement, soit avec violence, soit avec artifice, aux actions les plus noires contre tout Citoyen & même contre l'Etat, toutes les fois qu'il aura l'espérance d'un succès heureux, & qu'il croira, au moins, pouvoir échapper aux peines décernées par les Loix civiles; Elles sont donc, à tout égard, pernicieuses aux Citoyens & aux Etats; Elles détruisent tout droit Naturel & Divin; Elles sont impies, détestables, blasphématoires.

XXVI.

Disc. II. ch. 14. pag. 237, 238, & 239.

Tout l'art du Législateur consiste . . . . à forcer les hommes, par le sentiment de l'amour d'eux-mêmes, d'être toujours justes les uns envers les autres. Or, pour composer de pareilles loix, il faut . . . . préliminairement savoir . . . . que la sensibilité physique a produit en nous l'amour du plaisir & la haine de la douleur; que le plaisir & la douleur ont ensuite déposé & fait éclorre dans tous les cœurs le germe de l'amour de soi, dont le développement a donné naissance aux passions, d'où sont sortis tous nos vices & toutes nos vertus . . . . . La Morale & la Législation, que je regarde comme une seule & même science, ne feront . . . . . que des progrès insensibles.

C'est uniquement le laps du temps qui pourra rappeller ces siécles heureux, désignés par les noms d'Astrée ou de Rhée, qui n'étoient que l'ingénieux emblême de la perfection de ces deux sciences.

XXVII.

Disc. II. ch. 5. P. 73. note (4).

Ce n'est . . . . . point de la méchanceté des hommes dont il faut se plaindre, mais de l'ignorance des Législateurs, qui ont toujours mis l'intérêt particulier en opposition avec l'intérêt général. Si les Scythes étoient plus vertueux que nous, c'est que leur législation & leur genre de vie leur inspiroit plus de probité.

XXVIII.

Ce sont uniquement les passions fortes qui font exécuter les actions courageuses & concevoir ces idées grandes qui font l'étonnement & l'admiration de tous les siécles. Disc. III. ch. 5. p. 296.

XXIX.

J'entens, par ce mot de *passion forte*, une passion dont l'objet soit si nécessaire à notre bonheur, que la vie nous soit insupportable sans la possession de cet objet. Telle est l'idée qu'Omar se formoit des passions, lorsqu'il dit: *Qui que tu sois, qui, amoureux de la liberté, veux être riche sans bien, puissant sans sujets, sujet sans maître ; ose mépriser la mort : les Rois trembleront devant toi, toi seul ne craindras personne.* Ce sont, en effet, les passions seules qui, portées à ce degré de force, peuvent exécuter les plus grandes actions, & braver les dangers, la douleur, la mort & le Ciel même. Dicéarque, Général de Philippe, éleve, en présence de son armée, deux Autels, l'un à l'Impiété, l'autre à l'Injustice, y sacrifie & marche contre les Cyclades. Disc. III. ch. 6. p. 298.

XXX.

Les peines & les plaisirs des sens peuvent nous inspirer toute espéce de passions, de sentimens & de vertus.... Quel ressort plus puissant pour mouvoir les ames ?...... La Phénicie n'a-t-elle pas .... élevé des Autels à la beauté ? Ces Autels ne pouvoient être abbatus que par notre Religion. Quel objet (pour qui n'est pas éclairé des rayons de la foi) est en effet plus digne de notre adoration ...... la jouissance seule (des plaisirs de l'amour) peut nous faire supporter avec délices le pénible fardeau de la vie, & nous consoler du malheur d'être. Disc. III. ch. 15. pag. 364. 365, 366.

XXXI.

L'amour des femmes est, chez les Nations policées, le ressort presque unique qui les meut (& *en note relative à cette proposition*) le désir vague du bonheur ... se réduit tou- Disc. III. ch. 13. p. 339. & 340.

jours, comme je l'ai déja prouvé, aux plaisirs des sens. ::
Or, parmi ces plaisirs, je suis, sans doute, en droit de
choisir celui des femmes, comme le plus vif & le plus puissant de tous. Une preuve qu'en effet ce sont les plaisirs de
cette espéce qui nous animent, c'est que l'on n'est susceptible de l'acquisition des grands talens & capable de ces
résolutions désespérées, nécessaires quelquefois pour monter aux premiers postes, que dans la premiere jeunesse.

XXXII.

Disc. III. ch. 15.
pag. 363, & 364.

Si le plaisir de l'amour est pour les hommes le plus vif
des plaisirs, quel germe fécond de courage renfermé dans
ce plaisir, & quelle ardeur pour la vertu ne peut point inspirer le desir des femmes?..... la force de la vertu est
toujours proportionnée au degré de plaisir qu'on lui assigne
pour récompense.

XXXIII.

Disc. III. ch. 15.
p. 364.

Qu'on ouvre l'Histoire; & l'on verra que, dans tous
les pays où certaines vertus étoient encouragées par l'espoir
des plaisirs des sens, ces vertus ont été les plus communes
& ont jetté le plus grand éclat. Pourquoi les Crétois, les
Béotiens & généralement tous les Peuples les plus adonnés à l'amour ont-ils été les plus courageux?...... c'est
que les plaisirs de l'amour, comme le remarquent Plutarque
& Platon, sont les plus propres à élever l'ame des Peuples, & la plus digne récompense des héros & des hommes vertueux.... c'est aussi ce qui, suivant les mœurs Grecques, faisoit dire à Platon que le plus beau devoit, au sortir du combat, être la récompense du plus vaillant.

CENSURA.

Hæ propositiones in quibus asseritur » omne virtutum & vitio-
» rum genus à passionibus ortum
» ducere, & generale felicitatis
» desiderium constanter resolvi in
» voluptatem corpoream ; Ex sola
» passionum vehementiâ, quarum
» impulsu non solùm pericula,

CENSURE.

Ces propositions dans lesquelles
on assure que » c'est de nos pas-
» sions que sortent tous nos vices
» & toutes nos vertus; Que le de-
» sir vague du bonheur se réduit
» toujours au plaisir des sens;
» Que les seules passions fortes
» qui bravent les dangers, la dou-

» leur, la mort & le ciel même, » font exécuter ces actions courageuses qui font l'étonnement & l'admiration de tous les siècles; » Qu'entre toutes les passions, l'amour des femmes est, chez les nations policées, le ressort presque unique qui les meut; » Qu'une preuve qu'en effet ce sont les passions de cette espèce qui nous animent, c'est que l'on n'est susceptible de l'acquisition des grands talents & capable de ces résolutions désespérées, nécessaires quelquefois pour monter aux premiers postes, que dans la première jeunesse où cette passion a plus d'empire; Que la jouissance seule de ces plaisirs peut nous faire supporter avec délices le pénible fardeau de la vie & nous consoler du malheur d'être; » Que, pour qui n'est pas éclairé des rayons de la foi, il n'est point d'objet plus digne de notre adoration que la beauté; » Qu'ainsi tout l'art d'une legislation parfaite consiste à encourager les citoyens à faire des actions généreuses, en leur proposant pour récompense la jouissance des voluptés corporelles, & surtout des plaisirs de l'amour, la force de la vertu étant toujours proportionnée au degré du plaisir des sens qu'on lui assigne pour récompense. «

» dolores, mors temnuntur, sed » ipsum etiam cœlum lacessitur, » prorumpere ea facinora, quæ » omni ævo rapuere admirationem; » Inter omnes passiones eminere » amorem mulierum, quo solo fermè moventur nationes omnes » legibus excultæ; Hinc homines » neque ad eximias cujusvis generis dotes informari, neque » ardua quæque audere posse, nisi » effervescente juventâ, quâ ætate » hujusce libidinis stimulo magis » punguntur; Hujus solius sensu' » molestum vitæ onus & iniquam » existendi necessitatem suaviter » allevari; Hominibus, fidei lumine non illustratis, nihil cultu & adoratione dignius quàm » elegantem mulierum formam; » Consequenter legislationis perfectæ artem in eo sitam esse, ut » propositis in præmium, pro meriti ratione, voluptatibus corporeis, cives ad præclara gerenda incitentur, cùm eo virtus » acrius exardescat, quo vividior pro mercede proponatur voluptas. «

Ces propositions sont fausses, insensées, impies, obscènes, & dictées par la fureur du libertinage; Elles dégradent la raison, cette faculté la plus noble de l'ame, & lui ôtent l'empire pour mettre à sa place, par un renversement monstrueux, le desir déréglé des plaisirs les plus brutaux; Le souverain bien de l'ame raisonnable, immortelle, destinée à la jouis-

Sunt falsæ, insulsæ, impiæ, turpes, à furore libidinoso afflatæ; Rationem, animi partem nobiliorem & ad imperium natam, è solio dejiciunt, ut in eo appetitum sensitivum, sine more modoque debacchantem reclamante ipsâ naturâ, monstrosè constituant; Summum bonum animi rationalis, immortalis & ad Dei fruitionem facti, ponunt in fluxis & caducis voluptatibus, quas

aspernantur nobiliores animi sensus, & in quibus nullum est contrà corporis dolores, mentis ægritudines & fortunæ graviores casus solatium; Infamem malè cohærentis & absurdæ legislationis formam effingunt, in quâ, præstantiores viros, post exantlatos pro patriâ labores, nulla manerent præmia, ad mortem pro salute publicâ oppetendam nullum esset incitamentum: in quâ, perpetua & intestina de iisdem bonis aut præmiis occupandis orirentur dissidia, eò societati magis exitialia quò cupiditates in singulis essent ardentiores, & laxioribus frænis evagarentur; Fas jusque omne proculcant, nec satis gravi notâ inuri possunt; Ostenduntque quàm vana ingenia, quamque fœda sint inventa hominum à Religione aversorum.

sance de Dieu, elles l'établissent dans des voluptés fragiles & passageres, que dédaigne & méprise une ame élevée, voluptés qui ne sont d'aucun secours contre les infirmités du corps, les peines de l'esprit & les revers de la fortune; Elles présentent l'idée d'une législation infame, pleine d'absurdités & de contradictions, dans laquelle les plus grands hommes, après s'être consumés par de longs travaux entrepris pour la patrie, n'auroient aucune récompense à espérer, où il ne se trouveroit nul motif qui pût porter un citoyen à sacrifier sa vie pour le salut public, où l'on verroit sans cesse, au sujet des mêmes récompenses, s'élever dans le sein de l'État des dissensions d'autant plus funestes à la société, que les passions de chacun des prétendans seroient plus fortes & en même temps moins réprimées; La Loi naturelle, toutes les Loix divines & humaines y sont foulées aux pieds, & les expressions manquent pour les qualifier comme elles le méritent; Elles montrent quel est le caractere des hommes qui rejettent la religion, & à quels excès honteux ils sont capables de se porter dans les systêmes qu'ils inventent contre elle.

XXXIV.

Disc. IV. ch. 15. p. 618.

Que la raison nous dirige dans les actions importantes de la vie, je le veux: mais qu'on en abandonne les détails à ses goûts & à ses passions.

XXXV.

Disc. II. ch. 16. p. 164.

Rien de plus dangereux, dans un état, que ces Moralistes déclamateurs & sans esprit, qui, concentrés dans une petite sphère d'idées, répetent continuellement ce qu'ils ont entendu dire à leurs mies, recommandent sans cesse la modération des desirs, & veulent, en tous les cœurs, anéantir les passions: ils ne sentent pas que leurs préceptes,

utiles

utiles à quelques particuliers placés dans certaines circonstances, seroient la ruine des nations qui les adopteroient.

XXXVI.

De tous les dons que le Ciel peut verser sur une Nation, le don, de tous, le plus funeste seroit, sans contredit, la prudence, si le Ciel la rendoit commune à tous les Citoyens. Qu'est-ce en effet que l'homme prudent ? Celui qui conserve, des maux éloignés, une image assez vive, pour qu'elle balance en lui la présence d'un plaisir qui lui seroit funeste..... c'est..... à l'imprudence & à la folie que le Ciel attache la conservation des empires & la durée du monde. Il paroît donc qu'au moins dans la constitution actuelle de la plûpart des gouvernemens, la prudence n'est désirable que dans un très-petit nombre de Citoyens ; que la raison synonime du mot de *bon sens* & vantée par tant de gens, ne mérite que peu d'estime ; que la sagesse qu'on lui suppose tient à son inaction, & que son infaillibilité apparente n'est le plus souvent qu'une apathie.

Disc. IV. ch. 11. pag. 582. & 583.

XXXVII.

Qui sait si, le caractere formé & les habitudes prises, chacun ne se conduit pas le mieux possible, lors même qu'il paroît le plus fou ?.... Que de gens dont le bonheur est.....attaché à des passions qui doivent les plonger dans les plus grands malheurs, & qui cependant, si j'ose le dire, seroient fous de vouloir être plus sages ! Il est même des hommes, & l'expérience ne l'a que trop démontré, qui sont assez malheureusement nés pour ne pouvoir être heureux que par des actions qui les menent à la Grève... En s'abandonnant à son caractere, on s'épargne au moins, les efforts inutiles qu'on fait pour y résister.

Disc. IV. ch. 11. pag. 573. & 574.

XXXVIII.

Le caractere une fois formé (diroit l'ambitieux) il est impossible d'en changer.... Quelques raisons qu'il allégue, l'homme modéré lui répétera toujours : *Il ne faut pas être ambitieux.* Il me semble (dit l'Auteur) entendre un

Disc. IV. ch. 11. p. 571.

* H

Médecin dire à son malade : *Monsieur, n'ayez pas la fièvre.*

CENSURA.

Hæ propositiones in quibus asseritur » exceptis maximi momenti » actionibus quas rationi subjicere » nihil vetat, cœteras vitæ par- » tes uniuscujusque arbitrio & » passionibus *esse temerè permitten-* » *das* ; Passionum moderationem » exitiosam fore civitatibus ; Pru- » dentiam, si apud omnes obtineret » cives, fatale munus toti fore na- » tioni ; Ipsamque rationem parvi » faciendam; Ex levitate atque in- » considerantiâ, regnorum & uni- » versi orbis conservationem pende- » re ; Indolem semel consuetudine » flexam ad improbitatem, in me- » lius non posse reflecti ; Non mi- » nus deridendum esse virum mo- » deratum si ambitioso insusurra- » ret, exue ambitionis sensus, » quàm medicum, si ægrotanti ob- » ganniret, ne febricites ; Multo- » rum felicitatem alligatam esse » passionibus ex quibus fiunt mi- » serrimi, qui tamen insanirent si » plus sapere vellent ; Imò quosdam » ità infeliciter à natura factos » ut beati esse nequeant, nisi sce- » lera committant capitalibus ex- » pianda suppliciis. «

CENSURE.

Ces propositions où il est dit » qu'on veut bien que la raison » nous dirige dans les actions im- » portantes de la vie, mais qu'on » doit en abandonner le détail à » ses goûts & à ses passions ; Que le » précepte de modérer ses passions » seroit la ruine des états qui » l'adopteroient ; Que de tous les » dons que le ciel peut verser sur » une nation, le don, de tous, le » plus funeste, seroit, sans contre- » dit, la prudence, si le Ciel la » rendoit commune à tous les ci- » toyens ; Que la raison, synoni- » me du mot de bon sens, & la » sagesse qu'on lui suppose, ne » méritent que peu d'estime ; Que » c'est à l'imprudence & à la folie » que le Ciel attache la conserva- » tion des Empires & la durée du » Monde ; Que le caractere une » fois formé au mal, ne peut plus » se tourner au bien, & que quand » l'homme modéré dit à l'ambi- » tieux, *il ne faut point être am-* » *bitieux*, il est aussi ridicule que » le seroit un médecin qui diroit » à son malade, *Monsieur n'ayez* » *pas la fièvre* ; Que le bonheur » de bien des gens est attaché à des » passions, qui doivent les plonger dans les plus grands malheurs, » lesquels néanmoins seroient fous de vouloir être plus sages ; Qu'il » est même des hommes assez malheureusement nés, pour ne pouvoir » être heureux que par des actions, qui ménent à la *Grève* ; Qu'en s'a- » bandonnant à son caractere, on s'épargne au moins les vains efforts » qu'on fait pour y résister. «

Sunt stultitiâ & impudentiâ plenæ ; Non modo exprimunt fatalismum omni religioni ; saten-

Ces propositions sont pleines de folie & d'impudence ; Elles contiennent non-seulement le fatalisme, destructif de toute religion, selon l'Auteur même, comme on le verra dans la suite ; mais elles en annoncent de plus ouvertement, une des plus pernicieuses conséquences, sçavoir qu'il faut s'abandonner à son caractere quelque dépravé qu'il soit; Elles sont l'apogie de tous les crimes, & de tous les scélérats; Elles sont également pernicieuses à la sureté des particuliers, & au salut de l'Etat ; Elles sont blasphématoires contre Dieu législateur, & vengeur des crimes ; Elles doivent être détestées de tout le monde, & en exécration au genre humain.

tæ auctore, pestiferum, sed unum quoddam ex iis quæ fatalismus in morum perniciem invehit, apertè enuntians, scilicet sponte eundum quò rapit indoles etiam maximè depravata ; Scelerum & sceleratorum omnium apologiam continent ; Saluti privatæ & publicæ ex æquo sunt exitiosæ ; In Deum legislatorem & scelerum vindicem blasphemæ, ab omnibus detestandæ & execrandæ.

XXXIX.

Ils devoient (les Moralistes) faire sentir que la pudeur est une invention de l'amour & de la volupté rafinée.

Disc. II. ch. 13. p. 139.

XL.

Il n'est point de Nation qui ne connoisse & ne confonde ensemble deux différentes espéces de vertu ; l'une, que j'appellerai *vertu de prejugé* ; & l'autre *vraie vertu* . . . . Conséquemment à ces deux différentes espéces de vertus, je distinguerai deux différentes espéces de corruption de mœurs : l'une que j'appellerai *corruption religieuse*, & l'autre, *corruption politique*. Mais, avant d'entrer dans cet examen, je déclare que c'est en qualité de Philosophe & non de Théologien que j'écris ; & qu'ainsi je ne prétens, dans ce chapitre & les suivans, traiter que des vertus purement humaines. Cet avertissement donné, j'entre en matiere, & je dis qu'en fait de mœurs, l'on donne le nom de corruption religieuse à toute espéce de libertinage, & principalement à celui des hommes avec les femmes. Cette espéce de corruption dont je ne suis point l'apologiste, & qui est sans doute criminelle, puisqu'elle offense Dieu, n'est cependant point incompatible avec le bonheur d'une Nation . . . . . Que de maux, dira-t-on, attachés à cette espéce de corruption ! Mais ne pourroit-on pas répondre que le libertinage n'est politiquement dangereux dans un Etat

Disc. II. ch. 13. p. 141.

Disc. II. ch. 14. p. 146.

Ibid. p. 150.

que lorsqu'il est en opposition avec les loix du pays, ou qu'il se trouve uni à quelque autre vice du Gouvernement.

XLI.

Disc. II. ch. 15. pag. 157. & 158.

Nulle proportion entre les avantages que le commerce & le luxe procurent à l'Etat constitué comme il l'est (avantages auxquels il faudroit renoncer pour en bannir le libertinage), & le mal infiniment petit qu'occasionne l'amour des femmes. C'est se plaindre de trouver, dans une mine riche, quelques paillettes de cuivre mêlées à des mines d'or. . . . . En effet, qu'on examine politiquement la conduite des femmes galantes : on verra que, blamables à certains égards, elles sont, à d'autres, fort utiles au Public; qu'elles font, par exemple, de leurs richesses un usage communément plus avantageux à l'Etat que les femmes les plus sages. Le desir de plaire, qui conduit la femme galante chez le Rubanier, chez le Marchand d'étoffes ou de Modes, lui fait non-seulement arracher une infinité d'ouvriers à l'indigence où les réduiroit la pratique des loix somptuaires, mais lui inspire encore les actes de la charité la plus éclairée. Dans la supposition que le luxe soit utile à une Nation, ne sont-ce pas les femmes galantes qui, en excitant l'industrie des Artisans du luxe, les rendent de jour en jour plus utiles à l'Etat ? Les femmes sages, en faisant des largesses à des mendians ou à des criminels, sont donc moins bien conseillées par leurs Directeurs, que les femmes galantes par le desir de plaire : celles-ci nourrissent des Citoyens utiles; & celles-là des hommes inutiles, ou même les ennemis de cette Nation.

XLII.

Disc. II. ch. 14. pag. 146. & 147.

Différens Peuples ont cru & croient encore que cette espéce de corruption (le libertinage des hommes avec les femmes) n'est pas criminelle; elle l'est sans doute en France, puisqu'elle blesse les loix du pays; mais elle le seroit moins, si les femmes étoient communes, & les enfans déclarés enfans de l'Etat, ce crime alors n'auroit politiquement plus rien de dangereux.

XLIII.

C'est l'unique moyen (en brisant entre les hommes tous les liens de la parenté, & déclarant tous les Citoyens enfans de l'Etat) d'étouffer des vices qu'autorise une apparence de vertu, d'empêcher la subdivision d'un Peuple en une infinité de familles ou de petites sociétés, dont les intérêts, presque toujours opposés à l'intérêt public, éteindroient à la fin dans les ames toute espéce d'amour pour la patrie.

Disc. II. ch. 14. p. 75.

XLIV.

(Les) hommes qui se donnent la mort par dégoût pour la vie.... méritent presqu'autant le nom de sages que de courageux.... Le mépris de la vie n'est point, en eux, l'effet d'une passion forte, mais de l'absence des passions; c'est le résultat d'un calcul, par lequel ils se prouvent qu'il vaut mieux n'être pas, que d'être malheureux.

Disc. III. ch. 18. p. 450.

CENSURE.

« Ces propositions où il est dit que
» la pudeur est une invention de
» l'amour & de la volupté rafinée,
» & que c'est ce que les Moralis-
» tes devroient faire sentir; Où
» l'on assure que la corruption re-
» ligieuse, c'est-à-dire, le libertina-
» ge de toute espece, & principale-
» ment celui des hommes avec
» les femmes, n'est point opposé
» à la vraie vertu, mais seulement
» à une vertu de préjugé, & qu'en
» considérant les choses, non en
» Théologien, mais en Philoso-
» phe, on ne peut regarder le li-
» bertinage comme une corrup-
» tion politique dangereuse dans
» un Etat, ni contraire à l'honnê-
» teté morale, puisque, selon
» l'Auteur, la Morale n'est qu'une
» science frivole, si l'on ne la con-
» fond avec la politique & la lé-

CENSURA.

» Hæ propositiones in quibus asseritur » pudorem esse artem quam-
» dam amoris & exquisitioris vo-
» luptatis, idque ab institutoribus
» morum tradendum esse; Solutam
» omni lege & vagam libidinem
» præjudicatæ quidem, at non sin-
» ceræ virtuti opponi, & sub
» theologicâ solùm consideratio-
» ne, non philosophicâ vel poli-
» ticâ, depravationem dici posse
» (adeòque contra honestatem non
» esse, cùm, juxtà auctoris placita,
» Ethica cum politica scientia con-
» fundenda sit); Sumptus, quos
» in sui cultum faciunt mulieres
» voluptariæ, piarum eleemosynis
» esse utiliores; Admissâ mulierum
» communitate, ruptisque omni-
» bus consanguinitatis vinculis,
» plurimùm inde commodi & uti-
» litatis Reipublicæ accessurum;

» *Qui vitæ pertæsus mortem sibi* » giſlation ; Suivant leſquelles, les
» *conſciſcit, hunc ſapientis non* » dépenſes que les femmes galan-
» *minùs quàm viri fortis nomini-* » tes font par le déſir de plaire,
» *bus inſigniendum.* » ſont plus utiles que les aumô-
» nes que font les femmes ſages & pieuſes ; Où l'on prétend que
» l'unique moyen d'étouffer dans un État des vices qu'autoriſe une
» apparence de vertu, en lui procurant les plus grands avantages,
» ſeroit de briſer entre les hommes tous les liens de la parenté, de
» rendre les femmes communes, & de déclarer tous les Citoyens en-
» fans de l'État ; Où enfin on oſe avancer que ceux qui, par dégoût
» de la vie, ſe donnent la mort, méritent le nom de ſages & de
» courageux ;

Sunt falſæ, turpes, contrariæ ſenſibus naturalibus ; Reſpecti-vè, pudorem ſeu verecundiam, omnis honeſtatis cuſtodem pravo-rumque appetituum moderatorem à naturâ conſtitutum cynicè im-pudentes abjiciunt ; Vagam libi-dinem turpiter commendant, ſta-bilique & individuæ conjugum felicitati ac filiorum procreationi & educationi, laſcivam volupta-tem, patribus & matribus ex æquo deteſtandam, prolique ſuſceptæ exi-tioſam anteponunt ; Opum vana perverſaque diſpendia pauperum ſuſtentationi, vanitatem charita-ti & honeſtæ liberalitati crudeli-ter præferunt ; Conjugii & ſangui-nis vincula arctiſſima, humano generi conſervando neceſſaria, penitùs reſcindunt ; Cum ſocietatis domeſticæ mutuis officiis illam ſi-mul vitæ ſuavitatem, quæ in iiſ-dem præſtandis poſita eſt, aufe-runt, & in parentibus & filiis præcipua laboris & induſtriæ in-citamenta præfocant ; Furorem ho-minum de vitâ ſuâ ſtatuentium, quem, ſui amor & prudentia, in patriam charitas, Dei voluntas tam naturali quàm revelatâ lege manifeſtata, cohibere debent, &

Ces propoſitions font fauſſes, contraires à l'honnêté & aux plus nobles ſentimens de la nature ; Elles rejettent avec une impuden-ce cynique la pudeur, ce don pré-cieux de la nature, cette vertu qui eſt la gardienne des bonnes mœurs & le frein naturel des déſirs déré-glés ; Elles font un éloge licen-cieux du libertinage, & elles pré-fèrent au lien ſacré du mariage, à ſa fécondité ; au bonheur d'une union bien aſſortie & à celui des enfans, un déſordre que la pu-deur empêche de nommer, que les pères & les mères doivent avoir en horreur, & qui ſeroit pernicieux aux enfans qui en pourroient naî-tre ; Par une inhumanité inouïe, elles eſtiment plus les dépenſes vaines & criminelles des femmes galantes & les déſirs qu'elles ont de plaire, que l'amour du pro-chain & les aumônes des femmes ſages & pieuſes ; Elles rompent les liens inviolables du mariage & du ſang, qui ſont néceſſaires à la conſervation du genre humain ; Elles anéantiſſent les devoirs ré-ciproques des pères & des enfans, en un mot, tous les devoirs de la vie domeſtique, & par-là, elles ôtent une des principales douceurs de la vie, celle qu'on goûte à remplir ces devoirs, & elles détruisent les plus pressans motifs qui animent les hommes au travail, & à mettre en œuvre une industrie où les particuliers & l'Etat trouvent leur utilité ; Elles prodiguent, par la plus grande absurdité, les noms de sages & de courageux à ceux qui ont la fureur de se tuer eux-mêmes ; Fureur qui, selon les Philosophes même Payens, (b) ne vient que d'un défaut de courage & de fermeté, & que doivent réprimer un amour reglé de soi, l'amour de la Patrie, & la volonté divine que la loi naturelle & la révélation nous font connoître ; Enfin, par une perversité sans exemple, elles renversent à la fois tous les devoirs de la vie Privée, Domestique & Politique, sans égard à toute espece de loi qui les établissent.

quem ex ignaviâ & animi infirmitate natum docuerunt Philosophi vel Ethnici, (b) *sapientiæ & fortitudini absurdissimè adscribunt ; Denique vitæ Privatæ, Domesticæ & Civilis officia, quolibet jure consignata, nefariè pervertunt.*

(b) Voyez Platon, Aristote, Josephe, &c. dans le livre du Droit de la Nature & des Gens par le Baron de Puffendorf, traduction de Barbeyrac, liv. 2. chap. 4. pag. 150. & 151.

(b) *Vide Platonem, Aristotelem, Josephum, &c. apud. Puffendorfium, Jure Naturæ & Gentium lib. 2. cap. 4.*

SUR LA RELIGION.

I.

(Les) Turcs qui, dans leur Religion, admettent le dogme de la nécessité, principe destructif de toute Religion.... peuvent, en conséquence, être regardés comme des Déistes.

Disc. II. ch. 14. p. 233.

II.

La derniere cause de l'Indulgence de l'homme de mérite tient à la vue nette qu'il a de la nécessité des jugemens humains...... L'homme d'esprit sait que les hommes sont ce qu'ils doivent être ; que toute haine contre eux est injuste ; qu'un sot porte des sotises, comme le sauvageon des fruits amers ; que l'insulter, c'est

Disc. II. ch. 10. pag. 114. & 115.

reprocher au chêne de porter le gland plutôt que l'olive.

CENSURA.	CENSURE.
Hæ propositiones, quarum posteriore » continetur dogma necessitatis judiciorum humanorum, humanarumque actionum, « in propositionibus XIV & XV ad animam spectantibus & jam damnatis clarè expressum, & passim in toto opere inculcatum; Priore verò » dogma illud necessitatis statuitur esse principium omnis religionis destructivum « adeòque ejus sectatores haberi posse ut Deistas omnis religionis contemptores.	Ces deux propositions, dont la derniere renferme le » Dogme » de la nécessité dans tous les ju- » gemens & toutes les actions des » hommes, « erreur qui, déja condamnée dans les propositions XIV & XV sur l'ame, est clairement exprimée dans celle-ci, & répétée en plusieurs endroits du Livre ; Et dont la Premiere assure que ce » dogme de la né- » cessité est un principe destructif » de toute Religion ; que par con- » séquent, ceux qui admettent ce » dogme peuvent être regardés comme des Déistes, qui méprisent » également toutes les religions : »
Simul conjunctæ: auctorem apertè arguunt huic generi Deismi additum, quo omnis Religio spernitur, quodque totam spirat atheisticæ pestem impietatis.	Ces propositions réunies ensemble : montrent évidemment que l'Auteur adopte cette espece de Déisme, qui se joue de toutes les Religions, & qui porte avec soi tout le venin & toute l'impiété de l'Athéisme.

III.

Disc. II. ch. 2. p. 58. note (e).

L'homme humain & modéré est un homme très-rare, s'il rencontre un homme d'une religion différente de la sienne ; c'est, dit-il, un homme qui, sur ces matieres, a d'autres opinions que moi.

IV.

Disc. II. ch. 21. p. 209.

La différence de Religion & par conséquent d'opinion déterminoit, dans le même temps, des Chrétiens, plus zélés que justes, à noircir, par les plus infâmes calomnies, la mémoire d'un Prince (Julien l'Apostat) qui, diminuant les impôts, rétablissant la discipline militaire & ranimant la vertu expirante des Romains, a si justemen

mérit

mérité d'être mis au rang de leurs plus grands Empereurs.

CENSURE.	CENSURA.

Ces deux propositions qui » représentent toutes les Religions, » & même la Religion Chrétienne » comme de simples opinions, sur » lesquelles l'humanité & la mo- » dération demandent qu'on per- » mette à chacun de penser & de » dire ce qu'il lui plaît. «

Ces propositions sont absolument contraires à la droite raison, dont la lumière suffit pour faire rejetter toutes les fausses Religions, & démontre que la seule Religion Chrétienne est évidemment croyable; Elles contiennent aussi cette détestable impiété qu'on appelle *l'indifférentisme* de toutes les Religions.

La derniere de ces propositions dont » l'objet est de faire passer » pour d'infâmes calomnies toutes » les accusations qu'ont intentés » des Auteurs très-digne de foi & » de très-Saints Docteurs de l'E- » glise, contre un Empereur Apos- » tat, l'idolâtre le plus supersti- » tieux, qui a employé l'artifice & » la force pour persécuter injuste- » ment les Chrétiens «.

Cette derniere proposition est fausse, injurieuse aux Auteurs & aux Docteurs de l'Eglise qui ont parlé de ce Prince; Elle manifeste un esprit animé de la haine la plus décidée contre la Religion Chrétienne.

» *Hæ duæ propositiones quibus* » *omnes Religiones, ipsaque Re-* » *ligio Christiana, exhibentur ut* » *meræ opiniones, de quibus sen-* » *tiendi & dicendi arbitrium pe-* » *nès unumquemque relinqui pos-* » *tulant humanitas & laudanda* » *moderatio.* «

Prorsùs adversantur rectæ rationi, quâ, facem præferente, falsæ Religiones evanescunt, statque inconcussa Christiana Religio ut evidenter credibilis, atque hanc nefandam impietatem exprimunt, quæ omnium Religionum indifferentismus nuncupatur.

Insuper, posterior propositio, » *quatenùs ut infames calumnias* » *obtrudit quæcumque intentarunt* » *crimina auctores optimæ notæ* » *& Ecclesiæ Doctores sanctissi-* » *mi, in imperatorem fidei deser-* » *torem, superstitiosum idolorum* » *cultorem, vi & artibus, ad-* » *versùs Christianos nihil non mo-* » *lientem.* «

Falsa est, in dictos Auctores Doctoresque injuriosa, & animum prodit Christianæ Religioni infensum.

V.

Ce n'est qu'en contemplant la terre de ce point de vue, en s'élevant à cette hauteur, qu'elle se réduit insensiblement, devant un Philosophe, à un petit espace, & qu'elle prend à ses yeux la forme d'une bourgade habitée par dif-

Disc. II, ch. 10, p. 110, & 111.

férentes familles qui portent le nom de Chinoise, d'Angloise, de Françoise, d'Italienne, enfin tous ceux qu'on donne aux différentes nations.

C'est de-là que, venant à considérer le spectacle des mœurs, des loix, des coûtumes, des religions, & des passions différentes, un homme, devenu presque insensible à l'éloge comme à la satyre des nations, peut briser tous les liens des préjugés, examiner d'un œil tranquille la contrariété des opinions des hommes, passer sans étonnement du serrail à la chartreuse, contempler avec plaisir l'étendue de la sottise humaine.

CENSURA.

Hæc propositio in quâ, »Philosophus despectans ex alto hominum mores, leges, consuetudines atque etiam cunctas religiones, inter quas ipsa comprehenditur Religio Christiana, ab omni expeditus præjudiciorum vinculo, exhibetur gynæceum turcicum & chartusiam eodem mentis affectu perlustrans, & humanarum ineptiarum conspectu suaviter seipsum pascens. «

Est scandalosa, impia, spurcissimas voluptates & Evangelicæ perfectionis exercitationes ex æquo habet, & indifferentismo omnium religionum pudendum adjicit morum indifferentismum.

CENSURE.

Cette proposition qui présente »un Philosophe élevé à une certaine hauteur, contemplant de ce point de vue les mœurs, les loix, les coûtumes, & même toutes les Religions, (dans le nombre desquelles la Religion Chrétienne est comprise): lequel Philosophe, dégagé de tous les liens des préjugés, passe sans étonnement du serrail à la chartreuse, & se repait avec plaisir de l'étendue de la sottise humaine. «

Cette proposition est scandaleuse, impie; Elle fait regarder du même œil les plus honteuses voluptés & les saints exercices de la perfection de l'Evangile; Elle ajoute à l'*indifférentisme* de Religion, l'horrible *indifférentisme* des mœurs & des actions.

VI.

Disc. II. ch. 14. §. 23. & 133.

Des motifs d'intérêt temporel, maniés avec adresse par un Législateur habile, suffisent pour former des hommes vertueux. L'exemple des Turcs...... des Chinois matérialistes; celui des Sadducéens qui nioient l'immortalité de l'ame...... enfin l'exemple des Gymnosophistes, qui toujours accusés d'athéisme, & toujours respectés pour leur sagesse & leur retenue, remplissoient avec la plus grande exactitude les devoirs de la société; tous ces exemples, & milles autres pareils, prouvent que l'espoir ou la crainte des peines ou des plaisirs temporels sont aussi efficaces, aussi propres à former des hommes vertueux, que (les) peines & (les) plaisirs éternels.

VII.

C'est donc uniquement par des bonnes loix qu'on peut former des hommes vertueux. (*& en note relative à cette proposition*) On ne finiroit point, si l'on vouloit donner la liste de tous les peuples qui, sans idée de Dieu, ne laissent pas de vivre en société, & plus ou moins heureusement, selon l'habileté plus ou moins grande de leur Législateur.

Disc. II. ch. 29. p. 236. & 237.

CENSURE.

Ces propositions qui enseignent que » les motifs d'intérêt tempo-» rel (c'est-à-dire, comme l'Au-» teur dans son système l'explique » en plusieurs endroits de son Livre, » le plaisir & la douleur des sens,) » maniés avec adresse par un Lé-» gislateur habile, suffisent pour » rendre des hommes vertueux ; » Que les hommes ne peuvent être » formés à la vertu que par des » loix humaines qui fassent agir à » propos ces ressorts du plaisir & » de la douleur ; Que les exem-» ples des Turcs, des Chinois ma-» térialistes, des Sadducéens, des » Gymnosophistes, & de mille » autres peuples, qui, sans aucune » idée de Dieu, vivent cependant » en société, plus ou moins heu-» reusement, selon l'habileté plus » ou moins grande de leur Législateur ; Que tous ces exemples

CENSURA.

Hæ propositiones quibus affirmatur » *commodi temporalis, id* » *est, ut auctor passim & ex ins-* » *tituto explicat, voluptatis cor-* » *porea illecebras & doloris sen-* » *sationes, à legislatore humano* » *solerter adhibitas, sufficere ho-* » *minibus ad virtutem informan-* » *dis ; nec nisi legibus humanis* » *illos temporales impulsus aptè* » *adhibentibus posse viros virtute* » *præstantes institui ; Exemplis* » *Turcarum, Sinarum materialista-* » *rum, Sadducæorum, Gymnoso-* » *phistarum & aliorum mille po-* » *pulorum, etiam ideâ Dei desti-* » *tutorum, civiliter tamen conso-* » *ciatorum, ac magis minusve feli-* » *citer viventium pro legislatoris sui* » *peritiâ majori vel minori, id esse* » *comprobatum ; voluptatum vel* » *pænarum temporalium spem aut* » *timorem ad virtutem procrean-*

I ij

« dam æquè valere ac delicias æter- » nas æternaque supplicia. «

» prouvent que l'espoir ou la crain- » te des plaisirs ou des peines tem- » porels sont aussi propres à for- » mer des hommes vertueux que les peines & les plaisirs éternels : «

Falsæ sunt, scandalosæ, in Evangelium blasphemæ, atheismo favent ; A consideratione Dei æternùm remunerantis vel punientis perniciosè avocant, & stupendæ auctoris libidinis, in fingendis aut scopo suo malignè accomodandis exemplis, specimen præbent.

Ces propositions sont fausses, scandaleuses, blasphématoires contre l'Evangile ; Elles favorisent l'Athéisme ; Elles détournent les hommes de la pensée d'un Dieu qui récompense la vertu & punit le vice éternellement ; Elles fournissent un exemple de la hardiesse & de la malignité prodigieuses de l'Auteur à controuver des faits ou à les ajuster à ses vues.

VIII.

Disc. II. ch. 13. p. 139. & 140.

Rien de plus sage au Fondateur de l'Empire des Incas, que de s'annoncer d'abord aux Péruviens comme le fils du Soleil, & de leur persuader qu'il leur apportoit les loix que lui avoit dictées le Dieu son pere. Ce mensonge imprimoit aux Sauvages plus de respect pour sa législation ; ce mensonge étoit donc trop utile à cet état naissant, pour ne devoir point être regardé comme vertueux.

CENSURA.

Hæc propositio quæ, » virtutum » numero adscribit, & summa sa- » pientiæ nomine decorat menda- » cia & fraudes quibus impostor » hominibus, ut illos sibi ac suis » legibus devinciret, persuasit le- » ges illas sibi à Deo patre suo » fuisse dictatas. «

Abominandam exprimit doctrinam, blasphemiamque detestabilem ingerit, sub alienâ imagine, malignè tectam.

CENSURE.

Cette proposition qui » met au » rang des vertus, & qui honore » du nom de la plus haute sagesse » les mensonges & les fraudes d'un » imposteur, qui, pour s'attacher » des Peuples & les soumettre à ses » loix, leur a persuadé que les loix » qu'il leur proposoit, lui avoient » été dictées par le Dieu son pere. «

Cette proposition renferme une doctrine abominable, &, sous le voile d'un fait historique, présente à l'esprit un blasphème qui fait horreur.

IX.

Disc. II. ch. 14. p. 229. & 230.

(Sous le titre des moyens de perfectionner la morale.)

A quel mépris faut-il donc condamner quiconque veut retenir les peuples dans les ténebres de l'ignorance? L'on n'a point jusqu'à préfent affez fortement infifté fur cette vérité; non qu'on doive renverfer en un jour tous les Autels de l'erreur; je fais avec quel ménagement on doit avancer une opinion nouvelle; je fais même qu'en les détruifant, on doit refpecter les préjugés, & qu'avant d'attaquer une erreur généralement reçue, il faut envoyer, comme les colombes de l'Arche, quelques vérités à la découverte, pour voir fi le déluge des préjugés ne couvre point encore la face du monde, fi les erreurs commencent à s'écouler, & fi l'on apperçoit çà & là dans l'univers quelques ifles où la vertu & la vérité puiffent prendre terre pour fe communiquer aux hommes. Mais tant de précautions ne fe prennent qu'avec des préjugés peu dangereux. Que doit-on à des hommes qui, jaloux de la domination, veulent abrutir les peuples pour les tyrannifer? Il faut, d'une main hardie, brifer le talifman d'imbécillité auquel eft attachée la puiffance de ces génies malfaifans; découvrir aux Nations les vrais principes de la morale.

CENSURE.

Cette propofition qui fuppofe qu'on » ignore les vrais principes » de la Morale, & que cette igno- » rance provient de la puiffance de » ces génies malfaifans qui répan- » dent, à deffein, d'épaiffes téne- » bres dans l'efprit des Peuples ; » Que le déluge des préjugés cou- » vre encore la face du Monde ; » Qu'il y a de toute part des Au- » tels élevés à l'erreur; qu'on ne » doit cependant pas renverfer en » un jour, & que c'eft avec beau- » coup de ménagement qu'il faut » avancer une opinion nouvelle ; » Qu'en détruifant les préjugés on » doit les refpecter, & qu'il faut » envoyer quelques vérités à la » découverte, pour voir fi on ap-

CENSURA.

Hæc propofitio quæ fupponit » vera ignorari Ethicæ principia, » idque oriri ex poteftate hominum » maleficorum qui denfam igno- » rantiæ caliginem populorum ocu- » lis confultò offundunt ; Orbem » univerfum præjudiciorum dilu- » vio immerfum effe ; Altaria erro- » ri undequaque effe dicata, ea » tamen non fimul effe diruenda, » fed, magnâ potius cautione ad- » hibitâ, novam proponendam » effe doctrinam ; Docetque, qua- » fi furtim & fervatâ præjudiciis » reverentiâ, explorandum effe, » num quædam extent infulæ, quò » Virtus & Veritas poffint appel- » lere, & inde ad homines tranf- » mitti.

» perçoit çà & là dans l'univers quelques isles où la Vertu & la
» Vérité puissent prendre terre pour se communiquer aux hommes. »

Falsa est, in Philosophos morales de humano genere bene meritos protervè dicta, Principibus & Magistratibus christianis injuriosa, in Ecclesiæ Ministros contumeliosa, impia, in ipsum Christum & in Apostolos blasphema. Insuper auctoris dolum & aliorum hoc ævo procaciter philosophantium malignam denuntiat simulationem, qui, dogmatum Religionis Christianæ veneratores haberi dùm volunt, omni ope eam evertere moliuntur ; Atque disertè aperit quâ de causâ pestilentem doctrinam ambagibus implicatam, quasi aliud agentes, propinare soleant.

Cette proposition est fausse ; Elle insulte les Philosophes Moralistes qui ont si bien mérité de l'humanité ; Elle est injurieuse aux Princes & aux Magistrats Chrétiens, outrageante contre les Ministres de l'Eglise, impie, blasphématoire contre Jesus-Christ & les Apôtres ; Elle découvre de plus les artifices & les déguisemens de l'Auteur & de tant d'autres prétendus Philosophes, qui, lors même qu'ils font tous leurs efforts pour détruire la Religion, veulent paroître la respecter ; Elle montre clairement pour quelle raison ils ont coûtume de s'envelopper, & de présenter souvent leur pernicieuse Doctrine, en traitant des sujets qui lui sont étrangers.

X.

Disc. II. ch. 24.
p. 235. & 236.

Quel homme vertueux & quel Chrétien . . . . . n'essaieroit point de fonder la probité, non sur des principes aussi respectables que ceux de la Religion, mais sur des principes dont il soit moins facile d'abuser, tels que sont les motifs d'intérêt personnel ? Sans être contraires aux principes de notre Religion, ces motifs suffisent pour nécessiter les hommes à la vertu.

XI.

Disc. II. ch. 24.
p. 232.

Sur quelle autre base . . . . . pourroit-on les appuyer ? (Ces principes de la probité) seroit-ce sur les principes (des) fausses Religions ? . . . . . On ne l'appuiera pas non plus (la vertu) sur les principes de la vraie Religion ; non que la Morale n'en soit excellente . . . . . mais parce que ces principes ne pourroient convenir qu'au petit nombre de Chrétiens répandus sur la terre ; & qu'un Philosophe qui, dans ses écrits, est toujours censé parler à l'univers, doit donner à la vertu des fondemens sur lesquels toutes les Nations puissent également bâtir, & par conséqu nt l'édifier sur la base de l'intérêt personnel.

CENSURE.   CENSURA.

Ces propositions suivant lesquelles » les principes de la probité ne peuvent être appuyés sur » la base de la Religion Chrétienne, quoique respectable, » mais sur le fondement de l'intérêt personnel (qui n'est autre » chose que l'impression du plaisir » des sens, suivant la Doctrine de » l'Auteur déja exposée) : soit parce » qu'il est moins facile d'abuser de » l'impression qui vient de ces plaisirs, & que, sans être contraire » aux principes de la Religion » Chrétienne, elle suffit pour nécessiter les hommes à la vertu ; » soit parce que les principes de la » Religion Chrétienne ne pourroient convenir qu'au petit nombre de Chrétiens répandus par » toute la terre, & qu'un Philosophe qui est toujours censé parler » à l'univers, doit donner à la vertu des fondemens sur lesquels » toutes les Nations puissent également bâtir, & par conséquent l'édifier » sur la base de l'intérêt personnel.

Hæ propositiones quibus »probitatis fundamenta dicuntur »neutiquam in christianæ religionis principiis, licet venerandis, sed in commodi personalis, »seu voluptatis, pro sensu auctoris jam exposito, impulsibus »collocanda: tum quia minus facilis est horum impulsuum abusus, & hi impulsus, principiis »christianæ religionis non adversi, hominibus ad virtutem adigendis sufficiunt, tum quia »paucis christianis per orbem diffusis possent unice illa religionis christianæ principia congruere, & aliunde philosophi »munus est mundum alloqui universum, ac proinde commodum »personale, utpote omnibus nationibus commune, tanquam »unicum virtutis fundamentum »ponere.

Ces propositions allient un mépris horrible de la Religion Chrétienne avec un respect apparent pour cette même Religion ; Elles détruisent totalement la Morale de l'Evangile, qui est destinée par son Auteur à éclairer l'Univers ; Elles sont fausses, absurdes, impies, blasphématoires, ennemies de toutes les Religions, pernicieuses aux bonnes mœurs & à la société.

Horrendum christianæ religionis contemptum cum simulatâ ejus veneratione conjungunt ; Evertunt omnino Evangelii moralem totius orbi illustrando divinitus destinatam ; Falsæ sunt, absurdæ, impiæ, blasphemæ, cuilibet Religioni infensæ, bonis moribus & societati perniciosæ.

SUR LE GOUVERNEMENT.

I.

Difc. III. ch. 4. p. 279.   L'Eglife & les Rois penfent que les peuples font, les uns à l'égard des autres, précifément dans le cas des premiers hommes avant qu'ils euffent formé des fociétés, qu'ils connuffent d'autres droits que la force & l'adreffe, qu'il y eût entre eux aucune convention, aucune loi, aucune propriété, & qu'il pût, par conféquent, y avoir aucun vol & aucune injuftice.

II.

Difc. III. ch. 4. p. 279. & 280.   Chaque Nation . . . peut . . . . fe perfuader que l'infraction d'un traité, qu'il eft avantageux de violer, eft une claufe tacite de tous les traités qui ne font proprement que des trèves . . . . . . Il eft évident que chaque Nation peut même fe croire d'autant plus autorifée à ces conquêtes qu'on appelle injuftes, que, ne trouvant point dans la garantie, par exemple, de deux Nations contre une troifiéme, autant de fureté qu'un Particulier en trouve dans la garantie de fa nation contre un autre particulier, le traité en doit être d'autant moins facré que l'exécution en eft plus incertaine.

III.

Préface, p. 6.   Il fait (le public éclairé) combien il eft utile de tout penfer & de tout dire.

Difc. IV. ch. 4. p. 518.   On eft toujours fort dans un état libre, où l'homme conçoit les plus hautes penfées, & peut les exprimer auffi vivement qu'il les conçoit. Il n'en eft pas ainfi des états Monarchiques: dans ces pays, l'intérêt de certains corps, celui de quelques particuliers puiffans, & plus fouvent encore une fauffe & petite politique, s'oppofe aux élans du génie. Quiconque, dans ces gouvernemens, s'éleve jufqu'aux grandes idées, eft fouvent forcé de les taire, ou du moins contraint d'en énerver la force par le louche, l'énigmatique & la foibleffe de l'expreffion. Auffi le lord Chefterfield,

Chesterfield, dans une Lettre adressée à M. l'Abbé de Guasco, dit, en parlant de l'Auteur de *l'Esprit des Loix* : « C'est dommage que M. le Président de Montesquieu, « retenu, sans doute, par la crainte du ministere, n'ait pas « eu le courage de tout dire. On sent bien, en gros, ce « qu'il pense sur certains sujets ; mais il ne s'exprime point « assez nettement & assez fortement : on eût bien mieux « sçu ce qu'il pensoit, s'il eût composé à Londres, & qu'il « fût né Anglois.

IV.

Ce n'est souvent que par la bouche de la licence que les plaintes des opprimés peuvent s'élever jusqu'au trône. (*note* b *relative à cette proposition*) « Ce n'est point, « dit le Poëte Saadi, la voix timide des Ministres qui doit « porter à l'oreille des Rois les plaintes des malheureux ; « il faut que le cri du peuple puisse directement percer « jusqu'au trône.

Disc. II. ch. 6. p. 79.

V.

Si vous étiez réellement animés (dit l'Auteur aux Moralistes qu'il appelle hypocrites) de cette passion, (la passion du bien public) votre haine pour chaque vice seroit toujours proportionnée au mal que ce vice fait à la société : &, si la vue des défauts les moins nuisibles à l'Etat suffisoit pour vous irriter, ... de quel chagrin seriez-vous affectés, lorsque vous appercevriez quelque défaut dans la Jurisprudence ou la distribution des impôts ? .... alors, pénétrés de la plus vive douleur, à l'exemple de Nerva, on vous verroit, détestant le jour qui vous rend témoin des maux de votre patrie, vous-même en terminer le cours ; ou, du moins, prendre exemple sur ce Chinois vertueux, qui, justement irrité des vexations des Grands, se présente à l'Empereur, lui porte ses plaintes : *Je viens*, dit-il, *m'offrir au supplice auquel de pareilles représentations ont fait traîner six cents de mes concitoyens ; & je t'avertis de te préparer à de nouvelles exécutions : la Chine possede encore dix-huit mille bons patriotes, qui, pour la même cause, viendront successivement te demander le même salaire.* Il se tait à ces mots ; & l'Empereur étonné de sa

Disc. II. ch. 16. p. 162. & 163.

* K

VI.

Disc. III. ch. 17. p. 386.

Chez les anciens Perses... les plus vils & les plus lâches de tous les peuples, il étoit permis aux Philosophes, chargés d'inaugurer les Princes, de leur répéter ces mots au jour de leur couronnement : *Sache, ô roi, que ton autorité cessera d'être légitime, le jour même que tu cesseras de rendre les Perses heureux.* Vérité dont Trajan paroissoit pénétré.

VII.

Disc. III. ch. 6. p. 300. & 301.

En quels climats cet amour vertueux de la patrie n'a-t-il point exécuté d'actions héroïques ? A la Chine, un Empereur, poursuivi par les armes victorieuses d'un Citoyen, veut se servir du respect superstitieux qu'en ce pays un fils a pour les ordres de sa mere, pour contraindre ce Citoyen à désarmer. Député vers cette mere, un Officier de l'Empereur vient, le poignard à la main, lui dire qu'elle n'a que le choix de mourir ou d'obéir. *Ton maître*, lui répondit-elle avec un souris amer, *se seroit-il flatté que j'ignore les conventions tacites, mais sacrées, qui unissent les peuples aux Souverains, par lesquelles les peuples s'engagent à obéir & les Rois à les rendre heureux ? Il a le premier violé ces conventions. Lâche exécuteur des ordres d'un Tyran, apprens d'une femme ce qu'en pareil cas on doit à sa patrie.* A ces mots, arrachant le poignard des mains de l'Officier, elle se frappe, & lui dit : *Esclave, s'il te reste encore quelque vertu, porte à mon fils ce poignard sanglant ; dis-lui qu'il venge sa nation, qu'il punisse le tyran. Il n'a plus rien à craindre pour moi, plus rien à ménager : il est maintenant libre d'être vertueux.* Si le noble orgueil, la passion du patriotisme & de la gloire, déterminent les Citoyens à des actions si courageuses, quelle constance & quelle force les passions n'inspirent-elles point, &c.

VIII.

Disc. III. ch. 18. p. 450.

Parmi tant de Romains qui se sont volontairement donnés la mort, il en eſt peu qui, par le maſſacre des Tyrans, aient oſé la rendre utile à leur patrie. En vain diroit-on que la garde qui, de toutes parts, environnoit les Palais de la tyrannie, leur en défendoit l'accès : c'étoit la crainte des ſupplices qui déſarmoit leur bras.

CENSURE.

Ces propoſitions en tant qu'elles aſſurent » que l'Egliſe & les Rois » penſent qu'il n'y a, entre » les Souverains, d'autres droits » que ceux de la force & de l'a-» dreſſe, & qu'il ne peut y avoir » aucune injuſtice entr'eux ; Que » la religion même des traités ne » forme point un engagement qui » lie les Princes, & que l'infrac-» tion des conventions les plus ſo-» lemnelles eſt une clauſe tacite » de tous les traités, toutes les fois » que l'utilité ſe trouvera jointe à » la perfidie. «

Ces propoſitions ſappent le droit des gens *commun & néceſſaire*, qui n'eſt pas différent du droit naturel; En détruiſant la bonne-foi entre les puiſſances contractantes, elles rendent les guerres interminables & ôtent tout moyen de maintenir la paix ; Elles ſont impudemment calomnieuſes envers l'Egliſe & les Souverains ; Elles renouvellent la Doctrine de Machiavel.

Ces mêmes propoſitions en tant qu'elles déclarent » que, dans un » état, il doit être permis à cha-» cun de penſer & de dire ce que » bon lui ſemble ; Que, lorſque » le Peuple ſe croit traité trop du-» rement, il faut que ſes cris puiſ-» ſent par la bouche de la licen-» ce percer directement juſqu'au » Trône ; Qu'alors tout Citoyen,

CENSURA.

Hæ propoſitiones, quatenus affirmant » Eccleſiam Regeſque in » hoc conſentire, quod nullum » exiſtat inter civitates, ſeu ſu-» premas poteſtates, jus aliud, » quàm potentiæ & aſtutiæ, quod-» que nihil in ſe mutuò injuſti » poſſint patrare ; Imò, non va-» lere inter eas fœderum reli-» gionem ; ſed pactorum ſolem-» nium violationem eſſe tacitam » conditionem cujuſque fœderis, » ubi cum perfidiâ utilitas con-» juncta eſt. «

Tollunt jus gentium commune & neceſſarium quod à jure naturali non eſt diverſum ; ſublatâ inter civitates paciſcentes bonâ fide, omnem belli finiendi aut pacis ſervandæ viam obſtruunt ; in Eccleſiam & Principes ſunt impudenter calumnioſæ ; Machiavelli doctrinam renovant.

Quatenus verò aſſerunt » intrà » civitatem licitum eſſe debere cui-» que quidvis ſentire & dicere ; Et, » ubi cives durius tractantur, tunc » licentiæ populari locum eſſe, » tunc officium eſſe uniuſcujuſque » civis bono publico addicti majeſ-» tatem imperii objurgare & laceſ-» ſere : tunc auctoritatem principis » legitimam ceſſare : tunc gladios

K ij

» adversus principes distringere & » eosdem trucidare honorificum & » gloriosum esse. «

» animé de la passion du bien pu-» blic, doit, sans être arrêté par la » Majesté du Thrône, se présen-» ter au Souverain, & le fatiguer » par ses cris & ses reproches ; Qu'alors l'autorité des Princes cesse » d'être légitime ; Qu'alors le noble orgueil & la passion de la gloire » doivent armer contre eux leurs sujets, & même les porter aux » plus noirs attentats. «

Status politici fundamenta convellunt ; Pacem publicam perturbant ; Jura Principum Lege Naturali & Divinâ sancita pessundant (c) ; Subditos a debitâ reverentiâ, obedientiâ & subjectione avertunt; Ad factiones, ad seditiones, ad rebelliones, ad Principum etiam parricidia excitant, suntque saluti publicæ exitiosæ & ab omnibus execranda.

Ces propositions renversent le Droit politique jusques dans ses fondemens ; Troublent la paix publique ; Anéantissent la puissance des Princes, scellée de l'autorité des Loix Naturelle & Divine (c) ; Elles arrachent du cœur des sujets les sentimens de respect, d'obéissance & de fidélité qu'ils doivent à leur Prince ; Elles les excitent aux factions, aux séditions, à la révolte, & aux crimes les plus énormes ; Elles tendent ouvertement à la ruine entiere de l'Etat, & doivent être en exécration à tous les hommes.

(c) *Adversus hunc errorem (quilibet Tyrannus, &c.) satagens hæc sancta Synodus insurgere, & ipsum funditùs tollere, præhabitâ deliberatione maturâ, declarat, decernit & definit hujusmodi doctrinam erroneam esse in fide & in moribus, ipsamque tanquam hæreticam, & scandalosam, & ad fraudes deceptiones, mendacia, proditiones, perjuria vias dantem, reprobat & condemnat.* Concilium Constantiense, Sessione XV.

(c) Le saint Concile, désirant abolir de fond en comble telles maximes, (qu'on peut ôter la vie à un Tyran, &c.), l'affaire mise en délibération, déclare telle doctrine pleine d'erreurs en la foi & és mœurs ; la condamne comme hérétique, scandaleuse, & introductive de trahisons, séditions & perfidies ; tous ceux qui opiniâtrément la soutiennent, hérétiques, & comme tels punissables suivant les saints Decrets. Traduction du Clergé de France en 1615.

CÆterum, in infausto illo opere cujus paucæ paginæ omnis veneni expertes sunt, innumerabiles adhuc perspexit sacra Facultas propositiones gravissimâ etiam censurâ dignas, quarum ple-

LEs propositions, au reste, qui viennent d'être censurées, ne sont pas les seules reprehensibles dans le Livre DE L'ESPRIT ; il s'y en trouve presqu'à chaque page, &

même la Faculté de Théologie y en a remarqué un grand nombre, qui, sans qu'on ait cru devoir les rapporter, méritent néanmoins des qualifications très-fortes. On peut partager en quatre classes principales la plûpart de ces propositions.

1°. Les unes ont rapport à des propositions que la Faculté vient de condamner, & expriment tantôt moins clairement, tantôt en termes formels, une doctrine également pernicieuse.

2°. Dans d'autres, on présente comme vrais, des faits controuvés ou altérés; on y donne pour constant des choses incertaines & douteuses, on y dit, que l'Eglise & les Princes ont statué ce qu'ils ne statuerent jamais, que de saints Docteurs ont enseigné ce qui fut toujours opposé à leurs sentimens; &, ces exposés faux & artificieux, on s'en sert pour attaquer l'Eglise, le Gouvernement, les Loix, les bonnes Mœurs & la Religion.

3°. Il en est beaucoup qui renferment des traits d'obscénité si révoltans, qu'il faut avoir plus qu'une impudence cynique pour se plaire à les présenter aux Lecteurs.

4°. Il y en a enfin plusieurs où l'Auteur donne à

ræque in quatuor classes possunt distribui.

1°. *Modò earum propositionum compluribus, ingeruntur lectori, nonnunquam quidem expressè, sæpe autem minùs apertè & quasi captiosè, varia Doctrinæ perversæ capita, allatis jam & damnatis propositionibus contenta.*

2°. *Modò exhibentur multa, quasi reapse gesta dictave sint, aut à Principibus vel Ecclesiâ sancita, aut à quibusdam Sanctis Doctoribus tradita, quæ tamen conficta sunt aut incerta, vel saltem malignè exposita & artificiosè immutata, in Ministrorum Ecclesiæ & Principum calumniam, in detrimentum legislationis apud nos obtinentis, necnon in odium Morum honestatis & Religionis.*

3°. *Aliis in locis, turpissima & obscænissima referuntur, quæ, seu vera sint, seu falsa, non nisi ex impudentiâ plusquam cynicâ auctor obtrudere delectatur.*

4°. *Aliis tandem non paucis locis, dum unum expri-*

Vide pag. 7, 8, 35, 148, 174, 206, 358, 359, 362, 554, 598, 599, 607, 608, &c.

Pag. 138, 224, 225, 229, 233, 236, 468, &c.

Pag. 173, 186, 294, 390, 392, 411, 519, &c.

mitur planè, denotatur aliud occultè, mentique indicatur tàm impium & blasphemum, tàm Religioni, ipsisque imperiis Monarchicis infensum, ut, ad ejusmodi veluti emblematum significationes attendens perhorrescat animus, à veneratione in Christianam Fidem & à pietate in Patriam non omninò alienus.

Ab hisce propositionibus expendendis & speciali censurâ figendis consultò abstinet sacra facultas; tum quia magnam illarum partem evolvi, vel etiam exscribi vetant pudor ipse, reverentiaque Religioni debita, & Patriæ charitas; tum quia earum omnium specialis condemnatio visa est supervacanea, post inustas à sacro ordine censuras iis propositionibus, quæ integrum auctoris systema & præcipua ejusdem systematis corollaria referunt.

Has verò, imò & quascumque alias pravas & vitiosas prædicto libro comprehensas, sacra Facultas condemnat, neque eas quas prætermisit, ideò vult haberi tanquam, se judice, innoxias, ipsumque librum reprobat tanquam opus quo vix ullum aliud magis detestabile edi possit.

entendre ce qu'il n'ose dire expressément, & ces allusions sont si impies & si contraires aux Etats Monarchiques, qu'un homme qui a du respect pour la Religion & de l'amour pour sa Patrie, ne peut sans frémir en appercevoir le sens.

La Faculté de Théologie n'a pas jugé à propos de censurer toutes ces propositions en détail. Ce qu'on doit à la pudeur, à l'Etat & à la Religion, ne lui permettoit pas de développer les horreurs qu'en renferme une grande partie, ni même d'en faire les extraits. D'ailleurs une condamnation particuliere de toutes ces propositions lui a paru inutile, après avoir exposé & censuré celles qui contiennent le systême de l'Auteur, & les principaux corollaires de systême.

Elle rejette néanmoins toutes ces sortes de propositions & tout ce qui se trouve de condamnable dans l'Ouvrage, protestant que son silence ne doit & ne peut point être regardé comme une approbation de ce qu'elle n'a pas relevé. Elle déclare même, qu'elle condamne le Livre DE L'ESPRIT comme un Ouvrage des plus détestables qui puisse jamais paroître.

Fasse le Dieu de miséricorde que l'Auteur, qui s'est déja vu obligé de donner plusieurs rétractations, reconnoisse sincérement combien il auroit dû se défier de ces lectures & de ces sociétés, qui lui ont gâté l'esprit & corrompu le cœur.

Faxit autem Deus summè misericors, ut auctor, qui plures jam retractationes edere coactus est, agnoscat ex animo, quam periculosæ sint & exitiales lectiones illæ librorum, & societates hominum, quibus ad procacitatem & omnis tùm virtutis, tùm honestatis contemptum incitatus est.

Fasse le Ciel, qu'il dépose cet orgueil insupportable qui s'annonce à chaque page de son Livre, qu'il se sépare pour toujours de ces Maîtres qui l'ont séduit, & qu'il abjure enfin ce qu'il a appris d'eux: *que tout ce qui est vrai, tout ce qui est honnête, tout ce qui est juste, tout ce qui est saint, tout ce qui est d'édification & de bonne odeur..... soit l'objet de ses pensées & de ses actions.* Que par une vie pénitente & exemplaire il répare, autant qu'il lui sera possible, le scandale qu'il a donné par son Livre; & que le Dieu de paix soit avec lui.

Faxit ut ab effræni superbiâ, dissolutisque & impiis magistrorum, quos infeliciter secutus est, placitis abscedat, & quæcumque sunt vera, quæcumque pudica, quæcumque justa, quæcumque sancta, quæcumque bonæ famæ..... hæc cogitet..... hæc agat: vitâ sanctissimè actâ rependens, & exemplis compensans, quantum in ipso erit, nequissima quæ libro suo conclusit documenta; & Deus pacis sit cum ipso.

Philipp. cap. 4.

De Mandato D. Decani & Magistrorum Sacræ Facultatis Parisiensis.

HERISSANT, *Scriba.*

www.ingramcontent.com/pod-product-compliance
Lightning Source LLC
LaVergne TN
LVHW020955090426
835512LV00009B/1913